AF391019

BIBLIOGRAPHIE ARIÉGEOISE

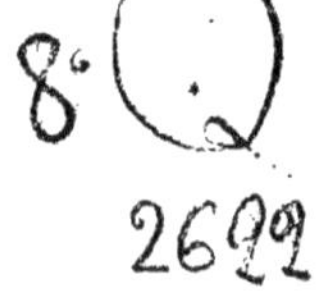

BIBLIOGRAPHIE ARIÉGEOISE

(Comté de Foix, Couserans et Diocèse de Mirepoix).

CATALOGUE

PAR ORDRE ALPHABÉTIQUE

I. Des publications ayant trait a l'Ariège ou aux ariégeois. II. Des ouvrages qui ne concernent pas spécialement l'Ariège, mais dans lesquels on parle des hommes ou de l'histoire de ce département. — III. Des journaux et revues de l'Ariège. — IV. Des livres publiés sur l'Andorre.

DRESSÉ PAR

LOUIS LAFONT DE SENTENAC

TRÉSORIER ET LAURÉAT DE LA SOCIÉTÉ ARIÉGEOISE DES SCIENCES, LETTRES ET ARTS

OFFICIER D'ACADÉMIE

FOIX

TYPOGRAPHIE VEUVE POMIÈS

1899

AVERTISSEMENT

Aujourd'hui qu'on s'applique beaucoup aux études locales, nous avons pensé qu'il serait fait un accueil favorable à la publication d'un catalogue de bibliographie ariégeoise.

Les recueils sur l'histoire, l'archéologie et les sciences sont devenus très nombreux, et, par cela même, échappent très souvent à l'attention des savants qui auraient le plus grand intérêt à les connaître. Notre ouvrage sera donc pour eux un livre de renseignements et un guide. En le publiant nous avons voulu être utile à tous ceux qui s'occupent de l'histoire de notre beau pays.

PREMIÈRE PARTIE

A

1. Abbaye de Combelongue. Notes et documents publiés par les *Annales norbertines* dans les numéros de janvier, février, mars, avril, mai et juin 1886. *Avignon, Seguin frères*, 1886.

L'abbaye de Combelongue, de l'ordre des Prémontrés, était située sur le territoire de la ville de Rimont (Ariège). Voir l'ouvrage de M. l'abbé Barbier.

2. Abbaye des Salenques au Comté de Foix en 1483 (la détresse de). *Foix, Pomiès*, 1894, in-4° de 28 pages.

Première série d'une publication non périodique ayant pour titre : *Documents pour servir à l'histoire du département de l'Ariège*, publiés par MM. Pasquier et Lafont de Sentenac.

3. Aclocque (Paul). Discours prononcés à l'Assemblée nationale (1871-1875). *Paris*, 1875. 1 vol. in-8°.

Discours traitant de questions ariégeoises.

4. Administrateurs du département de l'Ariège (les) destitués par arrêté du Directoire exécutif du 28 thermidor an V au Corps législatif. Comme pièces à l'appui : 1° extrait du procès-verbal des séances de l'administration du département de l'Ariège du 9 fructidor an V ; 2° justification des trois administrateurs du département. S. L. N. D. Brochure in-8° de 18 pages.

5. **Adresse** à MM. les Administrateurs des divers départements et directoires de France et spécialement du département de l'Ariège et directoire de Saint-Girons, sur la réunion des cures. 1790, br. in-8° de 12 pages.

6. **Adresse** au peuple du département de l'Ariège quelle que soit l'opinion, au sujet des prêtres qui refusent le serment prescrit par la loi du 19 fructidor dernier, conçu en ces termes : « Je jure haine à la royauté, à l'anarchie et attachement à la République et à la constitution de l'an III. »

Ce factum est signé : Rodes, prêtre républicain.

7. **Agnès de Navarre-Champagne**, dame de Foix. Poésies publiées avec introduction et glossaire par Prosp. Tarbé. *Paris, Aubry*, 1856, in-8°, br.

Agnès était la petite-fille de Thibault de Champagne, le roi-chansonnier. Elle florissait au xive siècle. Epouse du fier, mais volage comte de Foix, Gaston Phœbus, elle se consola de ses malheurs par la musique et la poésie. Ses rondeaux, ses chansons et ballades lui assurent une place dans la pléiade des muses champenoises.

8. **Alibert** (Constant). Traité des eaux d'Ax (Ariège). *Paris, Victor Masson*, in-8° avec 5 planches.

9. **Alibert** (Constant). Notice sur les eaux minérales de Carcanières (Ariège). *Foix, Pomiès frères*, 1853, brochure in-12 de 20 pages.

10. **Almanach de l'Ariège**. *Foix, Pomiès*, in-18.

Cet almanach, l'un des plus anciens de la région méridionale, paraît tous les ans et contient la nomenclature des foires de l'Ariège et celles des départements limitrophes.

11. **Almanach du syndicat des agriculteurs de l'Ariège.** *Pamiers, Galy*, éditeur, vol. in-12.

Le premier almanach a paru en 1888.

12. **Almanac patouès de l'Arièjo.** *Fouich, imprimario de Gadrat ainat.*

Entreprise en 1891, cette publication populaire est divisée en trois parties : la première comprend, après le calendrier, des proverbes sur les saisons ; la seconde des chansons ; la troisième partie des contes recueillis dans le département.

13. **Almanach del païs de Fouïch** en beritable patouès d'aprets la prounounciaciou de cado endreit. Counten toutos las endicacious del calendriè, countes, histouèros, poesios, debinetos,

prouberbes, etc., anciens e noubels. *Foix, imprimerie Barthe,* in-12.

Le premier numéro a paru en 1899.

14. **Amilia** (le Père). Voir *Tableu de la bido del parfait crestia.*

15. **Anciennes rues de la ville de Foix** (les). *Foix, imp. Pomiès,* 1895, brochure in-16 de 12 pages.

Extrait du *Moniteur de l'Ariège.*

16. **Annuaire statistique du département de l'Ariége** pour l'année 1834 (1re année). *Foix, Pomiès,* éditeur.

Plusieurs volumes de l'*Annuaire de l'Ariège* renferment des documents très intéressants sur l'histoire, la géographie, le commerce, l'industrie et les richesses naturelles de ce départe-ment. Cet ouvrage ne présente pas seulement un intérêt mo-mentané, son utilité survit à l'époque où il est produit.

17. **Annuaire de la Commission météorologique de l'A-riège.** *Foix, Pomiès,* in-12.

Cette publication n'a duré que 6 ans, de 1881 à 1886.

18. **Alriq** (Dr Alphonse). Les eaux d'Aulus. Revue clinique. *Paris, Alex. Coccoz,* 1880, 1 vol. in-8º.

19. **Apothéose de la liberté** (l'). Discours en vers prononcé le 2 pluviôse an VII, au temple décadaire à Foix, par le citoyen Dupuy, membre de l'administration centrale de l'Ariège. *Foix, Pomiès aîné,* imprimeur du département de l'Ariège, brochure in-8º de 14 pages.

20. **Archiac** (d'). Note sur les fossiles recueillis par M. Pouech dans le terrain tertiaire du département de l'Ariège. *Paris,* 1859, in-8º.

Extrait du *Bulletin de la Société géologique de France.*

21. **Archiac** (d'). Note sur la découverte faite par M. Pouech du 4e étage du Lias dans le département de l'Ariège. *Paris,* 1864, in-8º.

Extrait du *Bulletin de la Société géologique de France.*

22. **Ariège** (l'). Division administrative, monuments historiques, établissements industriels, stations thermales, mines, car-rières, sites, grottes, légendes, etc., etc., avec le tableau des communes indiquant, par lettre alphabétique, leur population et leur distance du chef-lieu de canton, d'arron-dissement et du département. *Foix, Pomiès frères,* 1863, in-12.

23. **Archives de l'Ariège**. Inventaire sommaire des archives départementales, antérieures à 1790, rédigé par **MM.** Orliac, Legrand et Pasquier. *Toulouse, Privat,* 1894, in-4° de 368 pages.

> Le tome I, le seul paru (archives civiles), contient la première partie de l'analyse des documents de la série judiciaire. Elle porte sur 191 articles, dont 175 proviennent de la sénéchaussée et du présidial de Pamiers et 16 de juridictions ayant eu leur siège à Foix.

> Les documents ne remontent pas au delà du règne de Louis XIII et se prolongent jusqu'à la Révolution.

24. **Armorial des villes du département de l'Ariège.** Recueil de blasons dessinés et coloriés à la main, avec texte manuscrit descriptif de chaque blason. Vol. in-4° avec 19 planches. *De l'agence numismatique* **Prevot**, *à* **Paris**.

25. **Armorial des communes et corporations de l'Ariège,** d'après le travail de M. de Figuères. Description héraldique des armoiries.

> Ce travail n'a pas été imprimé à part, mais il figure dans le *Bulletin de la Société des sciences, lettres et arts de l'Ariège.* (N° 1 du 3e volume, mars 1889.)

26. **Arnaud** (G.) Guillaume Pédoussaut. Histoire d'un gendarme ariégeois sous la Révolution française. *Foix, imp. Gadrat,* 1895, brochure in-8° de 16 pages.

> Extrait du *Bulletin de la Société Ariégeoise des sciences, lettres et arts.*

27. **Arrest de la Cour de Parlement** donné en l'audience de la Chambre de l'édict, le 4 juillet 1612, entre Françoise de Foix de Candale, demanderesse en requeste, et lettres royauls d'une part ; et Monsieur le duc d'Espernon, tuteur de ses enfants, et de défuncte dame Marguerite de Foix, quand vivait sa femme, deffendeur d'autre.

> *Sur la question scavoir si la demanderesse ayant faict profession de religieuse à Xainctes, dès l'an 1591, où elle auroit demeuré long-temps, et depuis esté pourvue de l'abbaye de saincte Glossine de Mets, où elle a séjourné jusques en l'an 1603, et deux ans depuis s'estoit retirée à Verdun, et en l'an 1605 au monastère du Moncel jusques à la fin de l'an 1610 elle estait recevable à demander partage des successions de ses père et mère.*

> En cet arrêt est inséré le plaidoyé de M. Servin, advocat général du Roy, contenant ses conclusions pour M. le Procureur général, conformément auxquelles la Cour a prononcé. M. D. C. XII.

28. **Arrest et déclaration du Roy** pour la translation du présidial cy-devant créé pour la ville de Pamiers en celle de Foix, capitale de la province. *Paris, Mathieu Colombel*, 1651, in-4° de 6 pages.

29. **Arrest de la Cour de Parlement** sur un libelle imprimé en forme de bref de N. S. Père le Pape Innocent XI, du 31 mars 1681. *Paris, chez François Muguet*, 1681, in-4° de 8 pages.

    Concerne le chapitre de l'église de Pamiers.

30. **Arrêt du Conseil d'Etat du Roi** supprimant un droit de péage ou leude prétendu par M. de Bermont dans l'étendue de sa baronnie de Saint-Paul au pays de Foix. *Paris, imprimerie royale*, 1730, in-4° de 4 pages.

31. **Arrêt du Conseil d'Etat du Roi** relatif au paiement de 50,000 livres pour le pays de Foix. *Paris, imprimerie royale*, 1742, in-4° de 4 pages.

32. **Arrest du Conseil d'Estat du Roi**, du vingt-huitième février mil sept cent quarante-sept, portant règlement pour le commerce du fer du païs de Foix. *A Toulouse, chez Claude-Gilles Lecamus*, seul imprimeur du Roi et des Etats de la province de Foix, in-4° de 8 pages.

33. **Arrêté de la Préfecture du département de l'Ariège**, relatif au droit établi sur les mines de Rancié. *Foix, imprimerie Pomiès*, 1807, in-4° de 8 pages.

34. **Attentat** commis dans la ville de Pamiers, le 27 décembre 1789, sur la personne de M. Larue l'aîné, avocat au Parlement, avec les pièces justificatives et faits relatifs au sac de sa maison, fait le 25 janvier 1790, in-4° de 16 pages. S. L. N. D.

35. **Assier** (Adolphe d'). Ariège et Aurigera. *Foix, Pomiès*, 1877, in-32 de 16 pages.

36. **Assier** (Adolphe d'). Un Parisien à Aulus, comédie en trois actes. *Foix, Pomiès*, 1882, in-8°.

    Tableau de mœurs et coutumes des habitants d'Aulus-les-Bains (Ariège).

37. **Assier** (Adolphe d'). Aulus-les-Bains et ses environs. (Troisième édition entièrement refondue.) *Foix, Pomiès*, 1884, 1 vol. in-18 de 276 pages.

    La troisième édition de cet ouvrage est beaucoup plus complète que les deux éditions précédentes.

38. **Assier** (Adolphe d'). Sur l'étymologie de Ariège, in-8°.

39. **Aubuisson de Voisins** (d'). Observations sur les mines et les mineurs de Rancié (Ariège). *Toulouse*, 1818, in-8°, 44 pages.

40. **Audinac-les-Bains.** Voir les ouvrages publiés par MM. Dubuc, Magnes-Lahens et Sentein.

41. **Aulus-les-Bains.** Guide du touriste et du baigneur. *Toulouse*, 1891, in-8° de 36 pages.

> Voir les ouvrages de MM. Alricq, d'Assier, Bordes-Pagés et Souquet.

42. **Auphan** (Dr V.) Les eaux d'Ax et leurs applications thérapeutiques. *Paris, J.-B. Baillère et fils*, 1865, in-8°, 84 pages.

43. **Auphan** (D^r). Action physiologique et thérapeutique des eaux sulfurées sodiques, alcalines d'Ax-sur-Ariège. *Toulouse, Privat*, 1886, in-12 de 8 pages.

44. **Auphan** (D^r). Ax, ses richesses minérales et sa thérapeutique. Lecture faite le 15 octobre 1886 devant le Congrès d'hydrologie. *Toulouse, Douladoure*, 1887.

> Extrait de la *Revue médicale et scientifique d'hydrologie et de climatologie pyrénéennes*.

45. **Auphan** (D^r). Généralités sur les sources thermales d'Ax et sur leurs principales applications thérapeutiques. *Foix, Gadrat*, 1889, in-12 de 32 pages.

46. **Auriol** (A.) Un point dans l'histoire de la Régale. La dernière lettre de François de Caulet, évêque de Pamiers, à son métropolitain. *Foix, Gadrat*, 1899, brochure de 8 pages.

> Extrait du *Bulletin de la Société Ariégeoise des sciences, lettres et arts*.

47. **Authier** (l'abbé). Études historiques et religieuses sur le pays de la haute vallée de l'Ariège. *Toulouse*, 1870, in-8° de 84 pages.

> Biographie sur saint Udaut, patron de la ville d'Ax, et notice sur le prieuré d'Unac. A obtenu une médaille de vermeil à la *Société archéologique du Midi de la France*.

48. **Ax.** La saison des bains à Ax (Pyrénées-Centrales). Description de l'Ariège et de ses curiosités, par un membre de la société de Saint-Vincent-de-Paul. *Bordeaux*, 1864, in-18 de 116 pages.

49. **Ax-les-Bains**. Guide du baigneur et du touriste, avec une notice médicale sur les eaux d'Ax. *Foix, Francal*, 1869, in-18.

50. **Ax-les-Thermes**. Guide-Annuaire des étrangers, par P. T. avec préface, notice sur les eaux et le traitement thermal, par L. Fugairon. *Toulouse, Tardieu*, 1889, 1 vol. in-18.

> Voir les ouvrages de MM. Alibert, Auphan, Boucoiran, Castillon d'Aspect, Dresch, Foch, Fugairon, Garrigou, Lafont-Gouzy, Marcailhou, Magnes-Lahens, Marchandon, Moura, Pilhes, Pujol.

51. **Auzies**. La légende de la vallée de Salau en Couserans. *Toulouse*, in-12 de 16 pages.

B

52. **Baby** (Paul). Monographies communales de l'Ariège, avec cartes spéciales au $\frac{1}{50.000}$, dressées d'après la carte de l'état-major. *Foix, Gadrat*, in-4°.

> Ce travail, qui a valu à l'auteur plusieurs récompenses, sera divisé en 20 cantons ou 20 volumes.

53. **Baby** (Paul). Recherches sur les origines et les transformations de la population et du langage dans les Pyrénées ariégeoises. *Foix, Gadrat aîné*, 1886, 1 vol. in-8° de 36 pages.

54. **Baby** (Paul). Guide-route du baigneur et du touriste dans le département de l'Ariège et en Andorre, avec une carte de l'Ariège et de l'Andorre. *Foix, Gadrat*, 1890, in-12.

55. **Baby** (Paul). Les affouillements de Caraybat (Ariège). Etudes géologiques, avec une carte générale, un plan et une coupe de Caraybat. *Foix, imp. Gadrat*, 1893, brochure de 22 pages.

56. **Bains d'Audinac** (Ariège), près de Saint-Girons. *Toulouse*, 1849, in-8° de 24 pages, avec figures.

57. **Barbe** (R.) Recueil des titres authentiques, chartes, privilèges, franchises et actes de concessions établissant la propriété des mines de fer de Rancié en faveur des huit communes de l'ancienne vallée de Vicdessos (Ariège). *Toulouse, Bonnal et Gibrac*, 1865, in-8° de 228 pages.

> Très rare. Tiré à un petit nombre d'exemplaires.

58. **Barbe** (Edouard). Ascension (l') du mont Calm et du pic
d'Estats dans le canton de Vicdessos (Ariège). *Foix, Pomiès,*
1894, in-18 de 58 pages.

59. **Barbier** (abbé). Saint Volusien, martyr, septième évêque
de Tours et patron de la ville de Foix (Ariège). *Paris, J.-B.*
Hugny, 1880, 1 vol. in-8° de 52 pages.

    Extrait de la Revue *le Contemporain.*

60. **Barbier** (abbé). Nos fondations monastiques. *Tours, P.*
Bousrez, 1884, in-12.

    Contient des détails succincts sur les monastères du Comté de
Foix.

61. **Barbier** (abbé). L'église et la paroisse de Notre-Dame du
Camp à Pamiers. Notes historiques. *Pamiers, Galy,* 1889,
in-12.

62. **Barbier** (abbé). L'abbaye de Combelongue, en Couserans,
en 1680. *Saint-Gaudens, Abadie,* 1893, 1 vol. in-8° de 12
pages.

    Extrait de la *Revue de Comminges.*

63. **Barbier** (abbé). Saint Lizier, évêque de Couserans. *Dax,*
Labèque, 1894, in-8° de 4 pages.

64. **Barbier** (abbé). Nos archives au Vatican. *Foix, Francal,* 1897,
brochure de 12 pages.

    Nomenclature de documents concernant les évéchés de Pa-
miers, de Mirepoix et de Saint-Lizier.

65. **Barbier** (abbé). L'évêché et le séminaire de Pamiers. *Pamiers,*
Delaye, 1897, 1 vol. de 52 pages.

    C'est sur des documents originaux, des actes publics et prin-
cipalement des minutes de notaire que ce travail a été composé.

66. **Barbier** (abbé). L'hôpital de Pamiers. *Foix, Gadrat,* 1898,
in-8° de 20 pages.

    Extrait du *Bulletin de la Société Ariégeoise des sciences, lettres et*
arts.

67. **Barbier** (abbé). Le couvent des Carmélites de Pamiers. *Foix,*
Francal, 1898, brochure in-8° de 16 pages.

    Extrait de la *Semaine catholique de Pamiers.*

68. Barrière-Flavy. Notice historique sur Saint-Quirc (Ariège). *Toulouse, Chauvin et fils*, 1888, in-8° de 118 pages, avec cartes et plans.

69. Barrière-Flavy L'abbaye de Calers, de 1147 à 1790. Notice et catalogue des archives de l'abbaye. *Toulouse, Chauvin*, 1887, 1 vol. in-8°.

> Fondée en 1147, l'abbaye de Calers était comprise dans le Comté de Foix.

70. Barrière-Flavy. Cintegabelle au xvᵉ siècle. *Toulouse, Chauvin et fils*, 1888, in-8° de 38 pages.

> Prise de Cintegabelle par le comte de Foix.

71. Barrière-Flavy. Dénombrement du Comté de Foix sous Louis XIV (1670-1674). Etude sur l'organisation de cette province, suivie du texte du dénombrement. *Toulouse, Chauvin*, 1889, 1 vol. in-8°, XXXVII, 126 pages.

72. Barrière-Flavy. Plaque de ceinturon de l'époque mérovingienne, trouvée à Gazailhou, près de Gaillac-Toulza (Haute-Garonne). *Toulouse, Tardieu*, 1889, in-8° de 8 pages, avec planche.

> Gazailhou se trouve sur les limites de l'Ariège.

73. Barrière-Flavy. Deux lettres de Louis XIII et du maréchal de Thémines (1625-1629). Une lettre de Mgr de Berthier, évêque de Rieux, concernant les nouveaux convertis (1698). *Foix, Gadrat*, 1890, in-8°.

> Documents concernant les troubles survenus dans le pays de Foix à l'occasion de la prise d'armes du duc de Rohan.
> Extrait du *Bulletin de la Société Ariégeoise des sciences, lettres et arts*.

74. Barrière-Flavy. Un épisode des guerres religieuses du seizième siècle à Saint-Ybars (Ariège). *Foix, Gadrat*, 1890, in-8°.

> Extrait du *Bulletin de la Société Ariégeoise des sciences, lettres et arts*.

75. Barrière-Flavy. Histoire de la ville et de la châtellenie de Saverdun dans l'ancien Comté de Foix, avec de nombreuses pièces justificatives et des plans. *Toulouse, Privat*, 1890, in-8°.

76. Barrière-Flavy. L'abbaye de Vajal, dans l'ancien Comté de Foix (1125-1195). *Toulouse, Privat*, 1891, in-8° de 16 pages.

77. **Barrière-Flavy**. Le paréage de Pamiers entre le roi Philippe-le-Bel et l'évêque Bernard Saisset, le 23 juillet 1308. *Toulouse, E. Privat*, 1891, in-8° de 24 pages.

78. **Barrière-Flavy**. Documents inédits sur l'abbaye de Boulbonne dans l'ancien Comté de Foix. *Toulouse, Douladoure-Privat*, 1891, 1 vol. in-8° de 15 pages, figures.

> Extrait de la *Revue des Pyrénées*.

79. **Barrière-Flavy**. Le diocèse de Pamiers au xvi° siècle, d'après les procès-verbaux de visite de 1551. *Toulouse, Douladoure-Privat*, 1892, 1 vol. in-8° de 24 pages.

> Extrait de la *Revue des Pyrénées*.

80. **Barrière-Flavy**. Testament de la vicomtesse de Lautrec (1343). *Toulouse, Douladoure-Privat*, 1892, 1 vol. in-8° de 40 pages.

> La vicomtesse de Lautrec avait épousé, en premières noces, Philippe, 4ᵉ fils de Guy de Lévis, seigneur de Mirepoix. Il est fait mention de Notre-Dame de Montgauzy, près Foix, dans ce document.
> Extrait des *Annales du Midi*.

81. **Barrière-Flavy**. La baronnie de Calmont en Languedoc. *Toulouse, Douladoure-Privat*, 1893, 1 vol. in-8° de 75 pages.

> Au xiiiᵉ siècle, le comte de Foix était coseigneur de Calmont. Le seigneur de Calmont prit une part active à la guerre de la succession du Comté de Foix à la fin du xvᵉ siècle.

82. **Barrière-Flavy**. Etude sur les sépultures barbares du Midi et de l'Ouest de la France. Industrie visigothique. *E. Leroux, à Paris*, 1893, 1 vol. in-4° contenant 1 carte, 35 planches et 16 figures.

> Mention des objets de l'époque barbare découverts dans l'Ariège.

83. **Barrière-Flavy**. Les coutumes de Molandier (Aude), 1246. *Toulouse, Douladoure-Privat*, 1893, brochure in-8° de 15 pages.

> Molandier était jadis compris dans le comté de Foix. Le comte en était coseigneur au xiiiᵉ siècle.
> Extrait des *Annales du Midi*.

84. **Barrière-Flavy**. Journal du siège du Mas-d'Azil, en 1625, écrit par J. de Saint-Blancard, défenseur de la place, contre le maréchal de Thémines, texte précédé d'un avant-propos, publié par M. Barrière-Flavy. *Foix, imprimerie Pomiès*, 1894, 1 vol. in-8° de 32 pages.

> Extrait du *Bulletin de la Société Ariégeoise des sciences, lettres et arts*.

85. **Barrière-Flavy**. La baronnie de Miglos. Etude historique sur une seigneurie du haut Comté de Foix. *Toulouse, Chauvin et fils*, in-8° de 240 pages, avec planches, 1894.

86. **Barrière-Flavy**. Note sur des armes franques, trouvées au lieu de la Unarde (2,258 mètres d'altitude) dans les Pyrénées ariégeoises, 1894, in-8°.

87. **Barrière-Flavy**. Censier du pays de Foix à la fin du xiv⁰ siècle. Assiette des impôts directs établie selon l'ordonnance de Gaston Phœbus en 1385. *Toulouse, Privat*, 1898, in-8° de 70 pages.

88. **Barry** (C.-E.-A.-Edw.) Découverte de vases antiques à Rabat (Ariège), 1859, in-8°.

89. **Bastide-du-Peyrat** (la). Voir l'ouvrage du docteur Fau sur les eaux minérales de la Bastide.

90. **Bataille** (Guillaume de). Les haunous de Gaston Phœbus. Poème béarnais, précédé d'une notice sur Gaston Phœbus, comte de Foix. *Pau, Vignancour*, 1871, in-8° de 29 pages.

   A obtenu une médaille d'honneur au concours de la *Société archéologique, scientifique et littéraire de Béziers* en 1870.

91. **Baudon** de Mony. Relations politiques des comtes de Foix avec la Catalogne jusqu'au commencement du xiv⁰ siècle. *Paris, A. Picard*, 1896, 2 vol. in-8°, avec gravures.

   Dans cet ouvrage, la question de l'origine et de la constitution de la République d'Andorre est traitée d'une façon remarquable, grâce à des documents inédits de premier ordre. Rien de plus curieux que les nombreuses expéditions des comtes de Foix en Catalogne, leurs rapports et leurs querelles avec les évêques d'Urgel et les seigneurs catalans, leurs conquêtes et leur puissance dans le nord de l'Espagne.

92. **Bayard**. Rapport du 26 mars 1856 dans la cause de Mme de Limairac, propriétaire du domaine de Gudanes, et les communes d'Albiès, Aston, Aulos, Bouan, Cabannes, Château-Verdun, Larcat, Pech, Sinsat, Verdun, Miglos, Urs, Vèbre, Lassur, Larnat et la commune de Canillo (Andorre), in-4° de 86 pages.

   Mémoire intéressant au point de vue de la question forestière dans le canton des Cabannes.

93. **Bayle** (Pierre) Voir *Inauguration* d'une plaque commémorative; *Lenient*, Etude sur Bayle; *Marsy*, Analyse raisonnée de Bayle; *Maizeaux* (des), La vie de M. Bayle, *Monnaye* (de la), Histoire de M. Bayle; *Rougerie* (Mgr), Bayle le sceptique.

94. **Bécane**. Mémoire sur les eaux d'Ussat, in-12.

95. **Bellissen** (Cyprien de). Le suffrage universel dans le département de l'Ariège. *Paris, Garnier frères*, 1869, 1 vol in-18.

96. **Belloy** (Pierre de). Généalogie de la maison de Foix. *Toulouse*, 1608, 1 vol. in-8°.

97. **Belsunce** (abbé de). Voir *Foix-Candalle*.

98. **Benazet** (Théodore). Des intérêts ariégeois. *Paris, Paul Renouard*, 1842, in-12.

> Richesses naturelles de l'Ariège, forêts, carrières, mines, eaux minérales, etc., etc., telles sont les questions traitées par l'auteur.

99. **Benezet** (E.) Notice biographique de J.-P.-J.-A. de Labouïsse-Rochefort, in-8° de 24 pages avec portrait.

> Né à Saverdun, le 4 juillet 1778, de Labouïsse-Rochefort a publié 26 ouvrages de littérature. Dans son *Voyage à Rennes-les-Bains*, il parle de l'Ariège et de l'abbaye de Boulbonne, le Saint-Denis des comtes de Foix.

100. **Bergasse-Laziroules** (député de l'Ariège aux Etats généraux). Travail du comité de constitution sur l'organisation du pouvoir judiciaire, lu dans l'Assemblée nationale le 18 août 1789. — Discours adressé au roi par le président de l'Assemblée nationale le 13 août 1789. — Réponse du roi, brochure in-8°.

101. **Bergasse-Laziroules**. Rapport fait au nom d'une Commission chargée d'examiner la proposition de célébrer, le 18 fructidor de chaque année, les événements des 9 thermidor, 13 vendémiaire et 18 fructidor. *Paris, imprimerie nationale*, fructidor an VI, in-12 de 12 pages.

102. **Bergès** (C.) Description du département de l'Ariège par arrondissements, cantons et communes, contenant l'indication des monuments anciens et modernes et des détails sur les mines, les carrières, les eaux minérales, les grottes les plus curieuses, etc., auxquels a été jointe l'explication de divers procédés de l'industrie, des principaux phénomènes qui ont lieu sur les montagnes si intéressantes de ce département, etc., etc., avec la carte du département. *Foix, Pomiès frères*, 1839, in-12.

103. **Bernard** (abbé). Mgr Jean-Marie du Lau, archevêque d'Arles, massacré aux Carmes, le 2 septembre 1792. *Arles, Joure*, 1892.

> Mgr du Lau avait été chanoine de Pamiers.

104. **Bernard** (B.) Saint-Lizier. Peintures, coffret et sarcophage. *Paris, Champion*, 1885, brochure de 14 pages, avec dessins.

> Cette brochure, qui forme une addition au compte rendu du Congrès de 1884, tenu dans l'Ariège, a pour but de faire connaître des peintures murales du xive siècle existant dans l'absidiale gauche de l'église de Saint-Lizier, ainsi qu'un coffret et un sarcophage appartenant à cette église.

105. **Bessières** (Dr). Note sur Ussat, précédée de quelques réflexions sur la nécessité d'étudier les eaux minérales à leur source. *Toulouse* (S. D.), in-8° de 10 pages.

106. **Bibliothèque de Foix**. Catalogue des manuscrits, par Fontes et Pasquier. *Foix, Gadrat*, 1899, in-8° de 32 pages.

> Extrait du *Bulletin de la Société Ariégeoise des sciences, lettres et arts*.

107. **Bourrel** (Biographie de l'abbé), chanoine honoraire de Pamiers. *Paris*, 1841, in-8° de 24 pages.

108. **Blazy** (abbé). Confrérie des brassiers et vignerons, fondée dans la cité de Pamiers, sous le vocable des bienheureux saint Fabien et saint Sébastien. *Foix, imprimerie Francal*, 1896, brochure in-8° de 20 pages.

109. **Blazy** (abbé). Missions dans la paroisse Saint-Volusien de Foix : 1520, 1718, 1826, 1896. *Foix, Francal*, 1896, in-8° de 8 pages.

110. **Blazy** (abbé). L'archiprêtré de Saint-Vincent d'Ax au xviie siècle. *Foix, Francal*, 1896, in-8° de 12 pages.

111. **Blazy** (abbé). Henri Des-Innocens, curé de Saint-Vincent de Niaux (29 juin 1648-12 mai 1713). *Foix, Francal*, 1898, 1 vol. in-8° de 26 pages.

> D'après la tradition, Henri Des-Innocens serait mort en odeur de sainteté.

112. **Blazy** (abbé). Confrérie de Notre-Dame des Agonisants, érigée dans la paroisse de Saint-Vincent de Niaux en 1712. *Foix, Francal*, 1898, in-8° de 18 pages.

> Cette œuvre de bienfaisance spirituelle fut fondée par Henri Des-Innocens, curé de Niaux. Elle fut approuvée par bulle du pape Clément XI, en date du 17 décembre 1710.

113. **Blondin** (Dr). Ussat-les-Bains. Etudes médicales sur les eaux minérales de cette station thermale. *Paris*, 1865.

114. **Bonnac** (marquis de). Voir *Schefer*.

115. **Bonnans** (D^r). Guide du médecin aux eaux thermales d'Ussat (Ariège). *Foix, Pomiès frères*, in-8° de 32 pages.

116. **Bonnans** (D^r). Lettre au docteur Vergé, inspecteur d'Ussat, sur la double épidémie qui a ravagé le canton des Cabannes (Ariège) du 5 septembre au 30 octobre 1854. *Foix, Pomiès frères*, 1854, in-12 de 20 pages.

117. **Bonnans** (D^r). Quelques réflexions sur le *Précis* du docteur Ourgaud sur Ussat-les-Bains. *Toulouse*, 1860, in-12 de 24 pages.

118. **Bonnans** (D^r). Guide pratique des bains d'Ussat. *Foix, Pomiès frères*, 1863, 1 vol. in-8° de 64 pages.

   Cet ouvrage a eu deux autres éditions : l'une en 1875 et l'autre en 1880.

119. **Bonnans** (Dr Hircan). Les eaux minérales du département de l'Ariège. *Paris, Parent*, 1882. 1 vol. in-8° de 210 pages, avec carte géologique.

120. **Bonnel** (Onésime). Monographie de la commune d'Unac (Ariège). *Foix, Gadrat*, 1886, in-12 de 28 pages.

121. **Bordes** (Paul). Foix, ses tours et son château. *Foix, Gadrat*, 1882, in-18.

122. **Bordes-Pagés** (D^r). Rapport sur l'histoire et les propriétés thérapeutiques des eaux thermales d'Aulus dans le département de l'Ariège, adressé à M. le Préfet du département, le 20 octobre 1848, dans le but de faire déclarer d'utilité publique cet établissement thermal. *Toulouse, Douladoure*, 1849, in-8° de 40 pages.

123. **Bordes-Pagés** (D^r). Notice sur les eaux minérales d'Aulus et sur le Couserans, avec une carte des Pyrénées-Centrales. *Toulouse, A. Renault*, 1850, in-8° de 152 pages.

124. **Bordes-Pagés** (D^r). Extrait d'une notice sur les eaux minérales d'Aulus (Ariège). *Foix, Pomiès*, 1871, in-8° de 24 pages.

125. **Bordes-Pagés** (D^r). Extrait d'une notice sur les eaux minérales d'Aulus. *Saint-Girons, Ferré*, libraire, 1872, 1 vol. in-8° de 62 pages.

126. **Bordes-Pagés** (D^r). Du traitement des maladies syphilitiques par les eaux minérales d'Aulus (Ariège). *Bruxelles*, 1874, brochure in-8° de 34 pages.

   Une nouvelle édition a été publiée à Toulouse en 1890.

127. Bordes-Pagés (D^r). Maladies chroniques traitées aux eaux
minérales d'Aulus, de 1848 jusqu'en 1881. *Toulouse, Ferré,*
1881, 1 vol. in-18.

Cet ouvrage a eu trois éditions, dont la dernière a été publiée
en 1891.

128. Bordes-Pagés (D^r). Projet de ligne directe de Paris à Oran
(Algérie), passant à travers les Pyrénées-Centrales, entre la
vallée du Salat et celle de la Noguera-Pallaressa, abrégeant
de 27 heures sur 58 le projet actuel. *Foix, Gadrat,* 1881.

Extrait du *Journal de l'Ariège.*

129. Bordes-Pagés (D^r). Exposé des divers projets de chemins de
fer transpyrénéens, comparés à celui du Salat-Noguera.
Foix, Gadrat, 1881, in-18 de 16 pages.

130. Bordes-Pagés (D^r). Aulus et ses sources. *Foix, Pomiès,*
1883, brochure in-18 de 32 pages.

131. Bordes-Pagés (D^r). Chemins de fer des Pyrénées-Centrales.
Foix, Pomiès, 1883, in-12.

Mémoire en faveur d'un projet de chemin de fer de Saint-Girons
à Lérida, par le cours du Salat et de la Noguera-Pallaressa.

132. Bordes-Pagés (D^r). Chemins de fer des Pyrénées-Centrales.
Comité d'action Saint-Gironnais. *Foix, Gadrat,* 1884, in-18
de 24 pages.

133. Bordes-Pagés (D^r). Mémoire présenté à MM. les membres
de la Commission internationale des chemins de fer transpyrénéens, au nom de la délégation ariégeoise. *Foix, Barthe,*
1884, in-18 de 44 pages.

134. Bordes-Pagés (D^r). Chemins de fer à travers les Pyrénées-
Centrales. *Foix, Pomiès,* 1884, in-12.

I. Ce que l'Etat doit à l'Ariège. — II. Utilité publique des
voies ferrées transpyrénéennes.

135. Bordes-Pagés (D^r). Du trafic probable des chemins de fer
projetés à travers les Pyrénées-Centrales. *Foix, Barthe,* 1884,
in-18 de 84 pages.

136. Bordes-Pagés (D^r). Sur l'invasion du choléra dans l'Ariège
en 1854 ; causes et traitement. *Foix, Gadrat,* in-12, 1884, 74
pages.

137. **Boucoiran** (L.) Ariège, Andorre et Catalogne. Guide historique, pittoresque et descriptif aux bains d'Ussat et d'Ax, contenant l'histoire de l'ancien pays de Foix et de ses comtes jusqu'à Henri IV et l'histoire de la vallée d'Andorre jusqu'à nos jours, avec 20 dessins imprimés à deux teintes. *Paris, chez Giraud*, libraire, 1854, 1 vol. in-8°.

138. **Boule** (Marcelin). Note sur les restes de glouton et de lion, fossiles de la caverne de l'Herm (Ariège). *Paris, Masson*, 1894, in-8° de 6 pages, avec planches.

> Extrait de l'*Anthropologie*.

139. **Bourdette**. Additions à la flore du département de l'Ariège. *Toulouse, Vialelle et Cie*, 1888, in-8° de 16 pages.

> Extrait du *Bulletin de la Société des sciences physiques et naturelles de Toulouse*, tome VII.

140. **Bousquet** (Ernest). Le Mas-d'Azil et sa grotte. *Foix, Barthe*, 1893, 1 vol. in-12.

141. **Brès del lengatché patouès** (lé), per un païsan de l'Arièjo. *Foix, Pomiès*, plaquette in-8°.

> Cette poésie (le berceau du langage patois) a été composée par M. Adolphe Garrigou.

142. **Brière** (de la). Livre de prières, par Gaston Phœbus, comte de Foix (1385). *Paris, Ernest Kolb*, éditeur, 1893, 1 vol. in-18.

143. **Bruelh** (maison du). Lettres patentes de Louis XV conférant le titre de marquis à noble Sylvestre du Bruelh, baron de Ferrières, brigadier des armées du roi. *Foix, Pomiès*, 8 pages in-18.

> Une branche de la famille du Bruelh s'était fixée dans le Comté de Foix au xviie siècle.

144. **Brun** (P.-Ant.) De bellis pro religionibus susceptis in regione Fuxensi, regnante Ludovico tertio decimo, M. DCX — M. DCXXIX ante facultatem litterarum parisiensem. *Foix, imprimerie Gadrat*, 1893, 1 vol. in-8° de 128 pages.

> Cette thèse a valu le titre de docteur ès lettres à M. Brun, professeur au lycée de Foix. En 1895, elle a été traduite en français et publiée dans le tome V du *Bulletin de la Société Ariégeoise des sciences, lettres et arts*.

145. **Brun** (P.-Ant.) Les assemblées illicites des protestants dans le pays de Foix à la suite de la révocation de l'édit de Nantes, d'après des documents inédits. *Foix, Gadrat aîné*, 1894, brochure in-8° de 30 pages.

146. **Brun** (P.-Ant.) Guerres religieuses dans le pays de Foix
sous le règne de Louis XIII, M. DCX — M. DCXXIX. —
Foix, Gadrat, 1895, in-8° de 82 pages.

> Traduction de l'ouvrage ci-contre (n° 144).

C

147. **Cabibel** (abbé). Le berceau de nos ancêtres. *Paris, Auguste
Ghio*, 1883, 1 vol. in-8° de 72 pages.

> L'auteur y parle beaucoup de l'Ariège et principalement du
> Saint-Gironnais, au sujet des Sotiates.

148. **Cabibel** (abbé). Escursiou scientifico et pittouresco à la grotto
d'Enleno (Arièjo). Pouèmo tragi-coumique de doutze cants
en dialecto gascou taou que se parlo dins lou San-Girounes.
San-Girouns, imprimario typographico A. Rivos, 1886, in-12
de 40 pages.

149. **Cabié** (Edmond). Evénements relatifs à l'Albigeois, pendant
la querelle du comte de Foix et du duc de Berry, de 1380 à
1382. *Albi, Nouguiès*, 1879, brochure in-4° de 40 pages sur
deux colonnes.

> Travail fort intéressant pour l'histoire du pays de Foix.

150. **Cabié** (Edmond). Quelques corrections et additions à la *Biographie toulousaine* (Bernard Saisset, premier évêque de
Pamiers). *Toulouse Douladoure-Privat*, 1887, in-8°.

> Cette biographie a été extraite du *Mémoire de l'académie des
> sciences, inscriptions et belles-lettres de la ville de Toulouse*.

151. **Caisse d'épargne et de prévoyance de la ville de Foix.**
Statuts délibérés par le Conseil municipal dans sa séance du
2 décembre 1835 et approuvés par ordonnance du roi le 6
mai 1836.

> L'ouverture de la caisse d'épargne de Foix eut lieu le dimanche
> 3 juillet 1836.

152. **Cambus** (R.) L'opportunisme ariégeois dénoncé au suffrage
universel. (Echos du Congrès ferryste du 6 septembre 1885.)
Toulouse, 1885, in-12.

153. **Canard**. Question des eaux de la ville de Foix. *Foix, Barthe*,
1882, in-12 de 66 pages.

154. **Cancel** (J.) Monographie de Pamiers, 1892, 1 vol. in-12.

155. **Capdeville** (Ch.) Exposé d'un projet relatif à l'établissement d'une société ariégeoise d'exportation et d'importation. *Foix, Pomiès*, 1860, in-8' de 16 pages.

156. **Caralp** (J.) Etudes géologiques sur les hautes vallées du Saint-Gironnais (Ariège). *Toulouse, Privat*, 1 vol. in-8° de 132 pages, avec figures.

> M. Caralp est également l'auteur d'un autre ouvrage intitulé : Analyse critique des publications géologiques pyrénéennes, relatives à la haute chaine (124 pages).

157. **Caralp** (J.) Etudes géologiques sur les hauts massifs des Pyrénées-Centrales (Haute-Ariège, Haute-Garonne, vallée d'Aran). *Toulouse, Privat*, éditeur, 1888, 1 vol. in-8° de 512 pages.

> Il a été publié à part un extrait de cet ouvrage, sous le titre : *Etudes géologiques sur la région d'Ax et la Haute-Ariège*. Toulouse, Privat, éditeur, 1888, 1 vol. in-8° de 212 pages.

158. **Cartailhac.** Découvertes de M. Piette dans la grotte du Mas-d'Azil. Matériaux pour servir à l'histoire de l'homme. *Toulouse*, 1880, in-8°.

159. **Cartailhac** (Emile). Quelques faits nouveaux du préhistorique ancien des Pyrénées. Quartzites du type de Saint-Archeul dans la grotte de l'Herm (Ariège). *Paris, Masson*, 1894, in-8° de 8 pages, avec planches.

> Extrait de la Revue *l'Anthropologie*.

160. **Castéras** (Paul de). Histoire de la Révolution française dans le pays de Foix et dans l'Ariège. *Paris, Thorin*, 1876, 1 vol. in-8° de 424 pages.

> Nombreux détails sur la noblesse, les troubles de Pamiers, la Terreur, le Directoire et les volontaires de l'Ariège.

161. **Castéras** (de). Les montagnes de l'Ariège : Rabat, Gourbit, Embanels, Estang-Blaou, le Pic des Trois Seigneurs. *Toulouse*, 1878, in-8°.

162. **Castet** (abbé). Proverbes patois de la vallée de Biros en Couserans (Ariège). *Foix, Gadrat aîné*, 1889, 1 vol. in-8° de 60 pages.

> Préface et remarques philologiques de F. Pasquier.

163. Castet (abbé). Etudes grammaticales sur le dialecte gascon
, du Couserans, avec un avant-propos de M. Pasquier. *Foix,
imprimerie Gadrat*, 1895, in-8° de 64 pages.

> Extrait du *Bulletin de la Société Ariégeoise des sciences, lettres et
> arts*.

164. Castillon (d'Aspet). Histoire des populations pyrénéennes,
du Nébouzan et du pays de Comminges, depuis les temps les
plus anciens jusqu'à la Révolution de 89 ; ouvrage sanctionné
par un vote particulier du Conseil général de la Haute-
Garonne, accueilli favorablement par des hommes supérieurs
placés à la tête de la science historique et dont la première
partie a été couronnée par l'académie des sciences de Toulouse, suivi de notes, documents, inscriptions, pièces justificatives, chartes, cartes géographiques, etc. *Paris, Treuttel
et Wurts*, 1842, 2 vol. in-8°.

> Documents intéressants sur les comtes de Foix alliés à la
> Maison de Comminges.

165. Castillon (d'Aspet). Histoire d'Ax et de la vallée d'Andorre,
description et analyse des eaux thermales, observations
thérapeutiques, origine des diverses sources, leurs vertus
médicales, travaux d'art, embellissements, promenades, etc.,
avec des notices historiques sur les bains d'Ussat et d'Audinac et suivie d'un itinéraire général à l'usage des baigneurs.
Toulouse, Ansas, et *Foix, Pomiès frères*, 1851, 1 vol. in-8°.

166. Castillon (d'Aspet). Histoire du Comté de Foix depuis les
temps anciens jusqu'à nos jours, avec notes, chartes, titres,
documents, pièces justificatives, plans, cartes géographiques,
renfermant des détails complets sur l'ancien vicomté du
Couserans, le pays de Castelbon, la vallée d'Andorre et les
vallées du haut pays, le Mirepoix, le Lézadois, les guerres
de religion, les progrès de l'industrie. *Paris, Garnier frères*,
''1852, 2 vol. in-8°.

167. Catéchisme pour l'usage du diocèse de Pamies où l'on
propose d'abord un abrégé de la doctrine chrétienne et où
l'on explique ensuite les principaux poincts en particulier.
A Toulouse, par Raymond Bosc, imprimeur ordinaire du roy
M. DC LXXII.

> Cet ouvrage, de 305 pages petit in-18, a été le premier caté-
> chisme du diocèse de Pamiers. Il fut imprimé par ordre de Mgr de
> Caulet, évêque.
> Mgr Henri-Gaston de Lévis, évêque de Pamiers, ayant observé
> que les ecclésiastiques suivaient, chacun, une méthode particulière
> pour instruire leurs paroissiens, méthode qui se multipliait par les

changements de résidence des curés et des vicaires, remédia à ces inconvénients en établissant l'uniformité d'instruction religieuse dans son diocèse. A cet effet, il fit publier, en 1765, un nouveau catéchisme, divisé en deux parties, et celui-ci est resté à peu près le même dans les éditions qui ont été faites depuis cette époque.

168. Catéchisme du diocèse de Mirepoix, divisé en trois parties. *Pamiers, Larroire*, imprimeur, 1783.

Le premier catéchisme du diocèse de Mirepoix, imprimé au xviie siècle, fut abandonné parce que son usage n'était pas pratique. En 1735, Mgr François Boyer fit paraître une nouvelle édition complètement refondue, qui a servi de modèle aux éditions subséquentes.

169. Catéchisme du diocèse du Couserans ayant pour titre : Abrégé des quatre parties de la doctrine chrétienne pour l'instruction de la jeunesse du diocèse du Couserans. *A Toulouse, chez Hénault*, imprimeur-libraire, rue Tripières, près les Changes.

Ce catéchisme, le premier de ce diocèse, est attribué à Mgr Gabriel II de Saint-Estève, évêque du Couserans, du mois de février 1680 au 20 décembre 1707.

Le diocèse de Couserans ou Saint-Lizier faisait partie de l'ancienne province ecclésiastique d'Auch (Gascogne). Il fut incorporé à l'Ariège à l'époque de la Révolution.

170. Catta (M.) Instructions pour servir à la détermination de l'état phylloxérique du département de l'Ariège. *Foix, Barthe,* 1879, in-12 de 16 pages.

171. Cau-Durban (abbé). Sépultures antiques du *Sarrat de Guilaire*, dans la commune de Bordes-sur-Lez (Ariège). *Toulouse,* 1882, in-8º de 16 pages.

Extrait du *Bulletin de la Société académique hispano-portugaise de Toulouse.*

172. Cau-Durban (abbé). Cachette des Arz, canton de Castillon (Ariège). *Paris, Reinwald,* 1882, in-8º, avec planches.

Extrait de la Revue : *Matériaux pour l'histoire naturelle de de l'homme.*

173. Cau-Durban et **Pasquier**. Une ancienne confrérie rurale dans le Couserans. Publication d'un texte inédit, avec introduction et notes. *Foix, Pomiès,* 1884, in-8º de 12 pages.

Extrait du *Bulletin de la Société Ariégeoise des sciences, lettres et arts.*

174. **Cau-Durban** (abbé). Essais archéologiques (station néolithique d'Ayer, l'âge du bronze dans l'Ariège). *Tours, Paul Bousrez*, 1884, in-8° de 28 pages.

Extrait du *Bulletin de la Société archéologique de France.*

175. **Cau-Durban** (abbé). Nouvelles fouilles à la grotte d'Enlène (Ariège). *Foix, Pomiès*, 1884, in-8° de 8 pages.

Extrait du *Bulletin de la Société Ariégeoise des sciences, lettres et arts.*

176. **Cau-Durban** (abbé). Compte rendu présenté à la Société académique franco-hispano-portugaise de Toulouse, au sujet du Congrès archéologique de France, tenu dans l'Ariège. *Toulouse*, 1885, in-8° de 24 pages.

177. **Cau-Durban** (abbé). Excursion au mont Vallier par la vallée de Bethmale (Ariège). *Foix, Pomiès*, 1886, in-18 de 48 pages.

178. **Cau-Durban** (abbé). Vallée de Bethmale (Ariège). Mœurs, légendes et coutumes, histoire, courses pittoresques, géologie. *Toulouse, Régnault*, 1887, in-8°, avec deux belles photographies.

179. **Cau-Durban** (abbé). Nécropole d'Ayer (Bordes-sur-Lez). *Toulouse*, 1887, in-8° de 4 pages.

Extrait du *Bulletin de l'Association française pour l'avancement des sciences.*

180. **Cau-Durban** (abbé). Sentein-les-Bains (Ariège). *Toulouse, Cassan*, 1889, in-12 de 32 pages.

181. **Cau-Durban** (abbé). Confrérie de Saint-Jacques-le-Majeur, établie à Saint-Lizier en Couserans l'an 1533. *Saint-Gaudens, Abadie*, 1892, in-8° de 16 pages.

Extrait de la *Revue de Comminges.*

182. **Cau-Durban** (abbé). La période révolutionnaire à Castelnau-Durban (Ariège). *Foix, Pomiès*, 1892, in-8° de 58 pages.

Renseignements sur l'affaire des montagnes d'Esplas, Sentenac, Castelnau, Cert et Durban.

Extrait du *Bulletin périodique de la Société Ariégeoise des sciences, lettres et arts* (4ᵉ volume, numéro 4).

183. **Cau-Durban** (abbé). La Révolution à Saint-Lizier (1789-1804). *Saint-Gaudens, Abadie*, 1895, 1 vol. in-8° de 172 pages.

184. **Cau-Durban** (abbé). Etat du **Mas-d'Azil** après les guerres de religion. *Toulouse, Privat,* 1897, in-8° de 24 pages.

Extrait de la *Revue des Pyrénées.*

185. **Cau-Durban** (abbé) Abbaye du Mas-d'Azil. Monographie et cartulaire (817-1774). *Foix, Pomiès,* 1897, 1 vol. in-8° de 219 pages, avec fac-similé.

186. **Cau-Durban** (abbé). Un exilé. Pierre Duran, curé de Saint-Lizier et de Moulis, 1735-1816. *Foix, Gadrat,* 1899, de 28 pages.

Extrait du *Bulletin de la Société Ariégeoise des sciences, lettres et arts.*

187. **Caussou** (Arthur). Chemin de fer de Saint-Girons à Perpignan, continuation de la ligne sous-pyrénéenne de Bayonne à Perpignan, par Foix, Saint-Antoine, Montgaillard, Lavelanet, Chalabre. *Foix, Pomiès,* 1874, in-12 de 48 pages.

188. **Caussou** (Arthur). Moussu le duc de Roquelauro del Quérigut, 1615-1683. *Fouich, Poumiès,* 1886, 1 vol. in-18.

Histoire anecdotique du duc de Roquelaure, originaire du Quérigut, dans le Donnezan.

189. **Caussou** Arthur). Montségur. Récits historiques en langue romane des événements qui se sont déroulés à Montségur (Ariège) de 1204 à 1244 (guerre des Albigeois), 1890-1892, 4 vol. in-12.

190. **Cénac** (D' Arthur). Sources thermo-minérales d'Ussat-les-Bains (Ariège). Indications thérapeutiques, maladies nerveuses et maladies des femmes. *Foix, Pomiès,* 1887, 1 vol. in-8°.

191. **Champion** (Maurice). Frédéric Soulié, sa vie et ses ouvrages. *Paris, Maquet,* libraire, 1847, in-12 de 48 pages.

Frédéric Soulié, un de nos plus célèbres romanciers, était né à Foix le 23 décembre 1800. Il est mort en 1847, le 23 septembre.

192. **Château de Crampagna** (Ariège). *Foix, Pomiès frères,* in-12 de 8 pages.

193. **Chemin de fer** d'intérêt local de Pamiers à Carcassonne, par Mirepoix, avec embranchement sur Lavelanet et Bélesta. Rapport présenté au Conseil général de l'Ariège par M. Vigarosy. *Foix, Pomiès,* 1874, in-4° de 20 pages.

Deux brochures : l'une contient l'extrait du procès-verbal de la séance du Conseil général de l'Ariège, du mois d'avril 1874, et l'autre un extrait du procès-verbal de la séance extraordinaire du mois de juin 1874.

194. Chemin de fer d'intérêt local de Pamiers à Carcassonne et à Lavelanet et Bram, par Mirepoix. *Paris, Seringe frères,* 1874, in-4° de 12 pages.

Extrait des procès-verbaux des délibérations des Conseils généraux de l'Ariège et de l'Aude (1873).

195. Chemin de fer de Perpignan à Saint-Girons, complétant le chemin de fer stratégique de Bayonne à Perpignan. *Carcassonne, Laban,* 1875, in-4° de 8 pages.

Extrait du procès-verbal des délibérations du Conseil général de l'Aude (1874).

196. Chemin de fer de Perpignan à Foix et Saint-Girons, par Lavelanet, Chalabre, Quillan, Saint-Paul-de-Fenouillet, Estagel et Rivesaltes, complément de la ligne stratégique de Bayonne à Perpignan, par Jules Dagnéaux, ingénieur. *Carcassonne, Pomiès,* 1875, in-4° de 12 pages, avec carte.

197. Chemin de fer d'intérêt local de Pamiers à Carcassonne. *Foix, Pomiès,* 1875, in-8° de 60 pages.

Extrait du procès-verbal des délibérations du Conseil général de l'Ariège (année 1874).

198. Chemin de fer Aude-Ariège. Rapport de MM. les membres de la Commission interdépartementale de l'Aude et de l'Ariège. *Paris,* 1876, in-4° de 8 pages.

199. Chemin de fer sous-pyrénéen (La question du) par un membre du comité de Foix. *Foix, Gadrat aîné,* 1878, in-12 de 44 pages.

Etudes extraites du *Journal de l'Ariège.*

200. Chemin de fer de Saint-Girons à Perpignan, par Foix, Lavelanet, Chalabre et Quillan (Considération sur), par Lazare Anduze. *Foix, Pomiès,* 1878, brochure in-4° de 20 pages, avec cartes.

201. Chemins de fer devant le Conseil général de l'Ariège (La question des). Discours de M. Ch. Vigarosy, sénateur, prononcé dans la séance du 24 août 1878. *Foix, Barthe,* 1878, in-8° de 12 pages.

202. Chemin de fer économique de Carbonne au Mas-d'Azil. *Foix, Pomiès,* 1879, in-12 de 16 pages.

Extrait du procès-verbal de la séance du Conseil général du 28 août 1879.

203. **Chemins de fer** des Pyrénées-Centrales. (Voir *Bordes-Pagés* et *Decomble*.

204. **Chevalier** (Michel). La vallée de l'Ariège et la République d'Andorre. *Paris*, 1837, in-12.

205. **Chronique** dels comtes de Foix et senhors de Béarn, feyt l'an de l'incarnacion de N.-S. 1445 per mandement de Mme Léonor, enfante de Navarre et comtesse de Foix, per Miguel del Verms, notari de Foix et procuraire de très aut et inclit princip et redoptable senhor Mossen Gaston, per la gracia de Diu, comte de Foix, de Béarn et de Bigorre, viscomte de Marsa, de Gavarda, de Lautrec, de Villemur et senhor d'Andorra.

> Le manuscrit de Miguel de Verms, qui se trouve aux archives de Pau, a été reproduit par M. Buchon dans l'ouvrage ayant pour titre : *Choix de chroniques et mémoires sur l'histoire de France.* (Collection du Panthéon littéraire.)

206. **Chroniques romanes** des comtes de Foix, composées au xv⁰ siècle par Arnaud Esquerrier et Miégeville et publiées pour la première fois par Félix Pasquier, archiviste de l'Ariège, et Henri Courteault, archiviste aux archives nationales, sous les auspices de la *Société Ariégeoise des sciences, lettres et arts. Foix, Gadrat*, 1895, 1 vol. in-8⁰ de 192 pages.

> Les chroniques romanes de Squerrier et de Miégeville sont les premiers travaux connus sur l'histoire du pays de Foix.

207. **Clauzel** (Explications du maréchal) rédigées et mises en ordre par Soulier, de Lavelanet. *Paris*, 1837, 1 vol. in-8⁰ de 189 pages.

> Mémoire justificatif très curieux par ses détails sur l'administration d'Alger après la conquête, et relatif à la conduite du maréchal pendant son administration.

208. **Clauzel** (comtesse Bertrand). Souvenirs de la vie du maréchal Clauzel, racontés par leur grand'mère à ses petits-enfants. *Paris*, 1888, 1 vol. in-12 de 80 pages.

> Souvenirs tirés à quelques exemplaires pour la famille et les intimes de l'auteur, très curieux par leurs détails sur la vie privée et militaire d'un des vaillants généraux de l'épopée impériale que Napoléon Iᵉʳ apprécia le plus, puisqu'il fut un de ceux qu'il inscrivit sur son testament.

209. Combes (F.) De contentionibus Bernardi Saissetti, primi Appamiarum episcopi, cum Rogerio Bernardo, tertio, comite Fuxensi, M. CCLXIX-MCCC e multis ineditis documentis thesis. *Parisiis, Didier*, 1858, in-8°.

210. Congrès archéologique de France (51° session). Séances générales tenues à Pamiers, Foix et Saint-Girons en 1884, par la société française d'archéologie pour la conservation et la description des monuments. *Paris, Champion*, 1885, 1 vol. in-8°, avec illustrations.

211. Conseil général de l'Ariège. Rapport du Préfet et procès-verbaux de l'assemblée départementale. *Foix, Pomiès*.

Le premier volume porte la date de 1838.

212. Consultation pour les consuls d'Ercé contre le seigneur de ce lieu, qui établit d'après des titres la propriété du bois et montagnes en faveur de la communauté, 1758, in-4° de 6 pages.

213. Constitutiones canonicarum regularium ecclesiæ cathedralis Appamiensis, MDCCV, in-4° de 18 pages.

214. Conseil chrestien (Le) ou Lettre d'advis à MM. les Consuls de la ville de Saint-Lyzier, capitale de Couserans, 1 vol. in-12 de 96 pages, imprimé vers 1650.

Discours de F. d'Assié sur la dignité consulaire dans lequel il est parlé des origines de la vicomté de Couserans. Ce discours est précédé d'une épître dédicatoire à Mgr de Marca, évêque de Couserans. Ce prélat fut nommé à l'évêché de Couserans en 1642, mais il n'obtint ses bulles qu'en 1647. Sacré à Narbonne au mois d'octobre 1648, il ne fit son entrée à Saint-Lizier que le 3 août 1650. Quelques mois après, le pape le transféra à l'archevêché de Toulouse, d'où il fut appelé au siège de Paris. Il est vrai qu'il n'en prit pas possession, car il mourut le jour même de la réception des bulles.

215. Contes populaires de ŋélesta (Ariège) en dialecte local. *Foix, Gadrat*, 1891, in-8° de 28 pages.

216. Coudre (R. P. de la). La vie de saint Volusien, évêque de Tours et martyr, et patron de la ville de Foix, avec ce qui s'est passé dans les différentes translations de son corps et dans l'érection de l'abbaye de son nom. *A Limoges, chez François Meilhac*, 1722, 1 vol. in-12.

Une réimpression de cet ouvrage a été faite en 1893 par l'imprimerie Pomiès, à Foix.

217. **Courteault** (Henri). Voir *Leseur*.

218. **Courteault** (Henri). Voir *Chroniques romanes des comtes de Foix*.

219. **Coutumes de la ville de Saint-Girons.** Transaction passée en 1345 entre haut et puissant seigneur Raymond-Roger de Commenge, vicomte de Couserans et de Bruniquel d'une part, et les consuls et habitants de la ville de Saint-Girons de l'autre, contenant les privilèges des habitants de cette ville (texte français), 61 pages. — Transaction passée entre messire Michel de Narbonne, vicomte de Saint-Girons et de Couserans d'une part, et le syndic des consuls, manants et habitants de Saint-Girons du 7 avril 1544, confirmée par arrêt du parlement de Toulouse du 14 mars 1563, 26 pages. — Transaction passée entre messire François-Amalric de Narbonne, seigneur et vicomte de Saint-Girons d'une part, et les consuls et habitants de ladite ville du 16 février 1664.

> Ces trois actes, qui se font suite avec une même pagination, forment un volume grand in-8°, imprimé à Toulouse le 4 août 1665.

220. **Crouzat** (Henri). Notice sur l'Orphéon de Foix. *Foix, Pomiès*, 1889, in-8° de 20 pages.

D

221. **Darmaing** (J.-B.) Pièces justificatives de la dénonciation contre Vadier, contenant réfutation de la réponse de celui-ci à Lecointre et Darmaing, S. L. N. D., in-8° de 73 pages.

222. **Darmaing** (J.-B.) Supplément au tableau des crimes de Vadier, en réponse aux réponses de la défense pour J.-B. Darmaing. *Paris, imprimerie Pain*, passage Honoré, in-8° de 16 pages.

223. **Darmaing** (J.-B.) Dénonciation contre un des anciens membres du comité de sûreté générale (Vadier) ou pétition à la Convention générale, par J.-B. Darmaing, natif de Pamiers, département de l'Ariège, S. L. N. D., in-8° de 40 pages.

224. **Darnaud** (Emile). Lakanal, notice biographique. *Paris, Ernest Leroux*, 1874, in-12.

225. **Darnaud** (Emile). Darnaudou, notice biographique. *Foix, Barthe*, 1877, in-12 de 7 pages.

> On trouve dans cette notice des lettres du général Laffitte.

226. **Darnaud** (Emile). Notice sur la part que prit le département de l'Ariège à la guerre de la République française contre le roi d'Espagne. *Paris, Ernest Leroux*, 1879, in-12.

227. **Darnaud** (Emile). Almanach des paysans de l'Ariège pour l'année 1880. *Foix, Barthe*, 1879, in-32 de 52 pages.

228. **Darnaud** (Emile). Les affaires de la commune, racontées aux habitants de Roquefixade par leur nouveau maire. *Foix, Pomiès*, 1881, in-12 de 26 pages.

229. **Darnaud** (Emile). Les affaires de la commune, racontées par le maire à tous les habitants de Roquefixade. *Foix, Pomiès*, 1882, in-8° de 23 pages.

230. **Darnaud** (Emile). Almanach de Roquefixade pour 1883, par le maire de cette commune. *Foix, Pomiès*, 1882, in-12 de 40 pages.

231. **Darnaud** (Emile). M. le Maire et M. le Curé. *Foix, Pomiès*, 1884, in-8° de 20 pages.

> Documents relatifs à certains incidents survenus entre le Curé de Roquefixade et le Maire de cette commune.

232. **Darnaud** (Emile). Le passé de Roquefixade, par le maire de ce village. *Paris, E. Leroux*, 1884, 1 vol. in-12 de 52 pages.

233. **Darnaud** (Emile). L'Ariège de 1789 à l'an VIII. *Paris, E. Leroux*, 1884, in-12 de 24 pages.

> Voici les matières traitées dans cet opuscule : La formation du département. — Les élections de 1789. — Le 14 juillet et le 4 août 1789. — Les députés à la Législative. — Les députés à la Convention. — La Terreur. — La Patrie en danger. — La fête des Victoires. — Le Directoire.

234. **Darnaud** (Emile). Les compagnons ariégeois, groupe d'études. *Foix, Pomiès*, 1888, in-32.

235. **Darnaud** (Emile). Aux habitants du canton de Lavelanet. *Foix, Pomiès*, 1889, in-32 de 21 pages.

236. **Darnaud** (Emile). Une révolte à Foix (13 janvier 1840). *Foix, Pomiès*, 1890, in-12.

237. **Darnaud** (Firmin). De l'instruction primaire. Appel aux Ariégeois, par un maire de village. *Foix, Pomiès*, 1866, in-8° de 44 pages.

238. **Darnaud** (Firmin). (Notice nécrologique sur.) *Foix, **Pomiès**,* 1886, brochure in-8° de 16 pages.

> Voir plus loin Descola, l'*Emancipation départementale* (numéro 245).

239. **Davis** (François). Recueil de documents concernant la maison de Bellissen. *Paris, Tunot et Cie*, 1865, 1 vol. in-8° de 76 pages.

> Documents authentiques, mais incomplets.

240. **Decap** (J.) Le diocèse de Rieux avant la Révolution. Paroisses du Comté de Foix d'après les visites pastorales de 1620 à 1725. *Foir, Francal*, 1898, in-8° de 44 pages.

> Extrait de la *Semaine catholique de Pamiers*.

241. **Decomble.** Communication sur les chemins de fer projetés à travers les Pyrénées-Centrales. *Toulouse*, 1886, in-8° de 200 pages, avec cartes.

> Détails sur le projet de chemin de fer de Saint-Girons en Espagne.

242. **Défense** du traité analytique et pratique des eaux thermales d'Ax et d'Ussat, province de Foix, MDCCLXXXVIII, in-8°.

243. **Délibération** du corps de ville de Pamiers pour le vœu perpétuel fait à l'occasion de la maladie épidémique du 10 août 1782. Mandement de Mgr l'Evêque (Henri-Gaston de Lévis), qui autorise le vœu fait par la communauté de Pamiers à l'occasion de la maladie qui a affligé cette ville l'année dernière et en fit l'ordre du 10 mai 1783. De l'imprimerie d'*André Larroire*, imprimeur de Mgr l'Evêque et de la ville, 1783, in-4° de 8 pages.

244. **Dénonciation** des citoyens de la commune de Tarascon, réunis en société populaire, contre Baby, député suppléant à la Convention, et Rouet, ex-membre du Directoire du district de Tarascon, in-8° de 68 pages.

> Contient la liste des prétendus ennemis de la Révolution du département de l'Ariège, envoyée au réprésentant Chaudron-Rousseau et faite par Baby, sur les ordres de Vadier.

245. **Descola** (Edouard). L'émancipation départementale. *Paris, E. Maillet*, 1869, 1 vol. in-18.

> Galerie ariégeoise d'hommes politiques : Clément Anglade, Frédéric Arnaud, Cyprien de Bellissen, Firmin Darnaud, Théodore Denat.

246. **Descola** (Edouard). La question des montagnes et des inondations. *Foix, Gadrat aîné*, 1877, in-8° de 68 pages.

> L'auteur traite avec compétence la question des endiguements et parle des travaux de barrages à faire dans l'Ariège et de ceux qui y ont reçu un commencement d'exécution.

247. **Description du Comté de Foix**, 1 vol. grand in-folio, avec gravures, de l'imprimerie de *Monsieur*, 1788.

> Extrait d'une grande publication intitulée : *Voyage pittoresque de la France*, avec la description de toutes ses provinces, ouvrage national dédié au Roi, par une société de gens de lettres, sous la direction de M. Delaborde.

248. **Dictionnaire** du département de l'Ariège, comprenant la liste et les biographies des notabilités dans les lettres, les sciences et les arts, dans la politique, la magistrature, l'armée, la noblesse, le haut clergé, dans la grande industrie, le grand commerce, l'agriculture, la finance, etc.

> Cette publication, faite par département, sous la direction de M. Henri Jouve, éditeur à Paris, est actuellement sous presse.

249. **Dieulafoy** (D'). Notice sur l'établissement des bains d'Ussat (Ariège). *Toulouse, Manavit*, 1848, in-8° de 20 pages, avec une carte.

250. **Discours** de M. ***, curé de ***, dans le département de l'Ariège. *A Foix, de l'imprimerie de Louis Fontes*, imprimeur du département de l'Ariège, 1791, in-8° de 24 pages.

251. **Discours** des troubles advenus en la ville de Pamiers le 5 juin 1566. Avec un brief recit des calamitez souffertes l'année precedente. *Paris*, 1567, in-4°.

252. **Discours** des cérémonies du mariage d'Anne de Foix, de la Maison de France, avec Ladislas VI, roi de Bohème, de Pologne et de Hongrie, précédé du discours du voyage de cette reine dans la seigneurie de Venise. Le tout mis en écrit du commandement d'Anne, reine de France, duchesse de Bretagne, par Pierre Choque, dit Bretagne, l'un de ses rois d'armes (mai 1502), in-8° de 48 pages.

> Extrait de la bibliothèque de l'école des chartres.

253. **Discours** prononcés à l'inauguration de la statue de Lakanal à Foix. *Paris*, 1882, in-4° de 36 pages.

254. **Douais** (abbé). Les frères prêcheurs à Pamiers au xiii° et au xiv° siècles. *Toulouse*, 1885, in-8°.

255. **Douais** (abbé). Documents pontificaux sur l'évêché de Couserans (1425-1619). *Paris, A. Picard*, 1888, in-8° de 38 pagés.

256. **Doublet** (G.) Incidents de la vie municipale à Foix sous Louis XIV. *Foix, Gadrat*, 1894, in-18 de 44 pages.

257. **Doublet** (G.) La vie militaire à Foix et le rôle du château, de 1630 à 1675, d'après des documents inédits. *Foix, Pomiès*, 1894, in-8° de 42 pages.

> Extrait du *Bulletin de la Société Ariégeoise des sciences, lettres et arts*.

258. **Doublet** (G.) Un ambassadeur ariégeois à Constantinople sous la Régence (octobre 1716-octobre 1724). *Foix, Pomiès*, 1894, in-8° de 24 pages.

> Esquisse de la vie du marquis de Bonnac, ambassadeur près la Porte ottomane.

259. **Doublet** (G.) Le meurtre du curé Delescazes, l'auteur du *Mémorial historique*, d'après des documents inédits (1647). *Foix, Pomiès*, 1894, in-8° de 12 pages.

260. **Doublet** (G.) Incidents de la vie de J.-J. Delescazes, l'auteur du *Mémorial historique*, d'après des documents inédits. *Foix, Pomiès*, 1895, in-8° de 8 pages.

> Extrait du *Bulletin de la Société Ariégeoise des sciences, lettres et arts*.

261. **Doublet** (G.) Nouveaux épisodes de la vie du curé J.-J. Delescazes, l'auteur du *Mémorial historique*, d'après des documents inédits. *Foix, Pomiès*, 1895, in-8° de 8 pages.

> Extrait du *Bulletin de la Société Ariégeoise des sciences, lettres et arts*.

262. **Doublet** (G.) Incidents de la vie municipale à Foix sous Louis XV. *Foix, Gadrat*, 1895, in-18 de 48 pages.

263. **Doublet** (G.) Incidents de la vie municipale à Foix sous Louis XVI. *Foix, Gadrat*, 1895, 1 vol. in-18 de 34 pages.

> Extrait du journal *l'Avenir de l'Ariège*.

264. **Doublet** (G.) Un prélat janséniste, F. de Caulet, réformateur des chapitres de Foix et de Pamiers, d'après des documents inédits, avec portrait, pièces justificatives et fac-similé. *Paris, Picard*, 1895, 1 vol. de 224 pages.

265. Doublet (G.) Le dernier maréchal de camp des dernières troupes françaises de la nouvelle France, le chevalier de Lévis. *Toulouse, E. Privat*, 1895, in-8° de 72 pages.

Le chevalier de Lévis était issu de la puissante famille de Lévis-Mirepoix.
Extrait de la *Revue des Pyrénées*.

266. Doublet (G.) Les protestants à Pamiers sous l'épiscopat de Caulet (1644-1680). *Toulouse, imprimerie Privat*, 1895, in-8° de 48 pages.

Extrait des *Annales du Midi*.

267. Doublet (G.) Vie et sermons de François Bourse, chanoine et archiprêtre de Pamiers durant l'épiscopat de Mgr de Verthamon. *Foix, Francal*, 1895, in-8° de 34 pages.

Extrait de la *Semaine catholique de Pamiers*.

268. Doublet (G.) François de Caulet, évêque de Pamiers (1645-1680) et la vie ecclésiastique dans un diocèse ariégeois sous Louis XIV. *Foix, Pomiès*, 1896, in-8° de 54 pages.

Extrait du *Bulletin de la Société Ariégeoise*.

269. Doublet (G.) Le couvent des dames des Salenques, de l'ordre de Citeaux, à Foix, au xviiᵉ siècle. *Toulouse, E. Privat*, 1896, in-8° de 20 pages.

Extrait des *Annales du Midi*. (Voir *Abbaye des Salenques*.)

270. Doublet (G.) Un diocèse pyrénéen sous Louis XIV. La vie populaire dans la vallée de l'Ariège sous l'épiscopat de F.-E. de Caulet (1645-1680). *Toulouse, E. Privat*, 1896, in-8° de 48 pages.

Extrait de la *Revue des Pyrénées*.

271. Doublet (G.) Sépultures dans l'église Saint-Volusien de Foix, de 1612 à 1763. *Foix, imprimerie Francal*, 1896, in-8° de 12 pages.

Extrait de la *Semaine catholique de Pamiers*.

272. Doublet (G.) Incidents de la vie municipale à Foix à la fin du règne de Henri IV et sous Louis XIII. *Foix, Gadrat*, 1896, in-18 de 88 pages.

273. Doublet (G.) Discours d'un vicaire général de Pamiers en 1605. *Foix, imprimerie Francal*, 1896, in-8° de 12 pages.

Extrait de la *Semaine catholique de Pamiers*.

274. **Doublet** (G.) Quelques châteaux du pays de Foix sous Louis XIII, description inédite des châteaux de Rabat, la Tour-du-Loup, Canté, Loubens, Mauvezin, Montfa et Fornex. *Foix, imprimerie Pomiès*, 1896, in-8° de 24 pages.

Extrait du *Bulletin de la Société Ariégeoise des sciences, lettres et arts.*

275. **Doublet** (G.) Le chapitre abbatial de Foix sous Louis XV. *Foix, Francal*, 1896, in-8° de 12 pages.

Extrait de la *Semaine catholique de Pamiers.*

276. **Doublet** (G.) Les brigands des environs d'Ax au xvii° siècle. *Foix, Gadrat*, 1897, in-8° de 52 pages.

277. **Doublet** (G.) Les archives de l'abbaye de Foix sous Louis XIV. *Foix, Francal*, 1897, in-8° de 4 pages.

Extrait de la *Semaine catholique de Pamiers.*

278. **Doublet** (G.). La peste d'Ax en 1631, d'après des documents inédits. *Foix, Pomiès*, 1897, in-12 de 142 pages.

279. **Doublet** (G.) Documents complémentaires sur l'épiscopat de François de Caulet à Pamiers. *Foix, imprimerie Francal*, 1897, in-8° de 26 pages.

Extrait de la *Semaine catholique de Pamiers.*

280. **Doublet**. La mort et l'autopsie du marquis Jean-Pierre-Gaston de Foix-Rabat, 1671. *Toulouse, Privat*, 1897, in-8° de 16 pages.

Extrait de la *Revue des Pyrénées.*

281. **Doublet**. Caulet, évêque de Pamiers, et les Jésuites. *Toulouse, Privat*, 1897, in-8° de 38 pages.

Extrait des *Annales du Midi.*

282. **Doublet**. Les origines légendaires de la Maison de Foix-Rabat. *Foix, Gadrat*, 1897, in-8° de 52 pages.

Extrait du *Bulletin de la Société Ariégeoise des sciences, lettres et arts.*

283. **Doublet**. Les origines probables de la Maison de Foix-Rabat. *Foix, Gadrat*, 1897, in-8° de 24 pages..

Extrait du *Bulletin de la Société Ariégeoise des sciences, lettres et arts.*

284. Doublet. Documents complémentaires sur l'épiscopat de François de Caulet à Pamiers (2ᵉ série). *Foix, Francal*, 1898, in-8° de 24 pages.

Extrait de la *Semaine catholique de Pamiers*.

285. Doublet. Histoire de la Maison de Foix-Rabat (troisième partie), de 1402 à 1580. *Foix, Gadrat*, 1898, in-8° de 48 pages.

286. Doublet. Foix sous Louis XIII. *Foix, Gadrat*, 1898, in-8° de 10 pages.

Extrait du *Bulletin de la Société Ariégeoise des sciences, lettres et arts*.

287. Doublet (G.) Monographie sommaire de l'église de Foix. *Foix, Francal*, 1898, in-8° de 16 pages.

Extrait de la *Semaine catholique de Pamiers*.

288. Doublet (G.) Georges de Foix-Rabat et sa famille, avec fac-similé de signatures. *Foix, Gadrat*, 1899, in-8° de 32 pages.

289. Doublet (G.) Notes historiques. L'Ariège sous le premier Empire. *Foix, Pomiès*, 1899, in-18.

Extrait du *Moniteur de l'Ariège*.

290. Doumenjou (abbé). Notre-Dame de Celles (Ariège). *Foix, Pomiès*, 1862, in-18.

291. Doumenjou (abbé). Notre-Dame du Val-d'Amour, à Bélesta (Ariège). *Tours*, 1885, in-12.

Extrait du *Recueil du Congrès archéologique de France* (51ᵉ session).

292. Doumenjou (abbé). Le Père Amilia, poète patois de Pamiers au xviiᵉ siècle. *Foix, Pomiès*. in-8° de 24 pages.

293. Dresch (Dʳ). Discours prononcé à l'occasion de la réception des félibres d'Aquitaine, à Foix, le 18 mai 1886, précédé d'une lettre de F. Mistral. *Foix, Pomiès*, 1886, in-8° de 8 pages.

294. Dresch (Dʳ). La grotte du Mas-d'Azil et l'industrie préhistorique. *Foix, Gadrat aîné*, 1888, in-8° de 24 pages.

295. Dresch (Dʳ). Ax-Thermal. Nos établissements. *Foix, Gadrat*, 1894, in-12 de 216 pages.

Historique et description du *Couloubret*, le *Teich*, le *Breilh* et le *Modèle*.

296. **Droit de chasse** (Le) sur le terrain domanial dont la commune de Seix est usagère, d'après des documents authentiques. *Foix, imprimerie Pomiès*, 1898, in-8° de 154 pages.

297. **Dubuc** (Michel). Essai analytique sur les eaux minérales d'Audinac (Ariège). *Foix, Pomiès,* 1882, in-18.

298. **Duclos** (abbé). Histoire des Ariégeois (Comté de Foix, vicomté du Couserans). De l'esprit, de la force intellectuelle et morale dans l'Ariège et les Pyrénées-Centrales. *Paris, librairie académique Didier*, 1881-1888, 7 gros volumes in-8°, avec eaux fortes.

> Les poètes de l'Ariège, depuis Raymond-Roger jusqu'à nos jours, tome I. — Les militaires de l'Ariège, tomes II et III. — Les administrateurs de l'Ariège, tome IV. — Les archéologues et savants de l'Ariège, tomes V, VI et VII.

299. **Dufrénoy.** Du gisement de la mine de fer de Rancié (Ariège) et du terrain dans lequel elle est enclavée. *Paris*, 1833, in-8° de 22 pages.

> Extrait du *Bulletin de la Société géologique de France.*

300. **Duhamel.** Description de la construction des forges du Comté de Foix et du Roussillon, 1785, in-8°.

301. **Dumarc.** Les tribulations des époux Gabache ou les trucs du maire de Foix. *Foix, Barthe*, 1884, in-8° de 16 pages.

> Pamphlet à l'occasion des élections municipales de Foix en 1884.

302. **Dupont d'Argein.** Le Couserans ecclésiastique ou le catalogue des évêques qui ont siégé dans l'église de Couserans depuis saint Vallier jusqu'à Dominique de Lastic. *Toulouse*, 1808, in-8° de 70 pages.

> Extraits des prérogatives accordées par les rois de France à l'évêque et au chapitre du Couserans.

303. **Dupuy** (P.-L.) Le sanctuaire de N.-D. de Sabart, près Tarascon (Ariège). Histoire et monographie du vieux monument depuis son origine jusqu'à nos jours. *Toulouse, Douladoure-Privat*, 1885, in-18 de 280 pages.

304. **Duran** (A.-J.-N.) Narration statistique sur la vallée d'Orlu et poésies diverses. *Foix, Pomiès*, 1873, in-8°.

> Tableau humouristique sur les mœurs et les habitudes des habitants d'Orlu (Ariège), suivi de poésies patoises.

E

305. **Ecoles chrétiennes à Foix** (Situation de l'œuvre des Frères des). *Toulouse,* 1860, in-12 de 24 pages.

306. **Eloge de la sœur Germaine d'Armaing**, religieuse de la première règle de sainte Claire du faubourg Saint-Cyprien de Toulouse. *A Pamiers, chez André Larroire*, imprimeur de Mgr l'Evêque, MDCCLXXXVI, in-12 de 42 pages.

> Germaine d'Armaing était née à Pamiers en 1664. (Voir *La vie et les vertus de la sœur Germaine d'Armaing.*)

307. **Episode de la guerre entre Mathieu, comte de Foix, et Martin, roi d'Aragon** (Un). *Foix, Pomiès*, 1887, in-8° de 4 pages, avec préface de Félix Pasquier, archiviste du département de l'Ariège.

> Extrait du *Bulletin de la Société Ariégeoise des sciences, lettres et arts* (mars 1887).

308. **Escaich** (François). Prouphétios sus la festo de Fouich 1890, dédiados as coumissaris de la festo. *Fouich, chès Gadrat*, imprimur, 1890.

> Cet opuscule de 40 pages in-18 est écrit dans le dialecte de la Bastide-de-Sérou, qui tient du languedocien et du gascon.

309. **Escande-Voltan**. Les chemins de fer d'intérêt local en France. Etude comparative faite en vue du projet concernant l'établissement des lignes ariégeoises. *Foix, Gadrat*, 1891, in-8° de 208 pages.

310. **Escande-Voltan**. Exposé présenté au Conseil général de la Haute-Garonne au sujet des lignes de chemin de fer de l'Arize et de la Lèze. (Réseau interdépartemental de l'Ariège et de la Haute-Garonne). *Toulouse, Douladoure-Privat*, 1891, in-8° de 20 pages.

311. **Espaignol-Lafagette** (d'). Projet d'une statistique du département de l'Ariège et coup-d'œil sur les progrès des sciences, des arts et de l'industrie, en général. *Foix, Pomiès*, 1826, in-8° de 82 pages.

> M. J.-N. d'Espaignol-Lafagette, géomètre en chef du cadastre, président de la Société agricole, littéraire et industrielle de l'Ariège, était un économiste distingué. Il a publié de nombreux travaux dans les journaux de l'Ariège et de Toulouse et s'est occupé aussi de questions philanthropiques.

312. **Espaignol-Lafagette** (d'). Des chemins de fer à établir en France et de la pétition des habitants de l'Ariège aux Chambres sur le même sujet. *Foix, Pomiès*, 1842, in-8° de 12 pages.

> Extrait des *Annales agricoles, littéraires et industrielles* (mars 1842).

313. **Espaignol-Lafagette** (d'). De l'importance de l'agriculture, de ses besoins actuels et de son avenir, avec quelques considérations relatives au département de l'Ariège. *Foix, Pomiès frères*, 1850, in-8° de 52 pages.

314. **Espaignol-Lafagette** (d'). Mémoire sur la rénovation et la conservation perpétuelle du cadastre parcellaire du département de l'Ariège. *Foix, Pomiès frères*, 1851, in-8° de 28 pages.

315. **Espaignol-Lafagette** (d'). La fête patronale du 8 septembre 1853 à Foix. Héroïde dédiée à cette ville, in-4° de 8 pages, avec gravure.

316. **Espaignol-Lafagette** (d'). Des Pyrénées, de la ville de Toulouse et du chemin de fer de l'Ariège. Etudes d'un touriste, éditées et enrichies d'une carte du département de l'Ariège, d'une carte de son canal d'irrigation et de son chemin de fer jusqu'à Toulouse, du plan de la ville de Foix et d'une vue de sa fête patronale. *Paris, Toulouse et Foix*, 1857, in-8° de 102 pages.

317. **Espert**, député de l'Ariège. Rapport fait à la Convention nationale sur sa mission dans les départements du Var et des Bouches-du-Rhône. *Paris, Imprimerie Nationale*, ventôse et floréal an III, 2 vol. in-8°.

> Un des plus curieux documents à consulter pour l'étude de la Provence pendant la Révolution.

318. **Etats de Foix.** Voir *Procès-verbal des séances de l'assemblée des Etats de la province de Foix.*

319. **Evrard.** Rectification des côtes de Bouchet par la grotte de l'Ariège, à la sortie du Mas-d'Azil, 1863.

> Mémoire avec plan publié dans les *Annales des ponts et chaussées*, en 1863. L'administration a fait tirer des épreuves photographiques agrandies de la planche insérée dans les *Annales*.

320. **Exécution des décrets à Mazères** le 4 novembre 1880. *Carcassonne, Parer*, 1881, in-8° de 63 pages.

> Extrait de la chronique du couvent des Dominicains.

321. **Eychenne** (J.-B.) Vie de saint Raymond de Durban, évêque de Barbaste. *Toulouse, Tardieu*, 1885, in-12 de 210 pages.

F

322. **Factum** pour les consuls de la vallée de Vicdessos contre les syndics du pays de Foix. S. l. n. d., in-8° de 16 pages.

323. **Fages.** Discours à l'inauguration de la statue de Lakanal à Foix. *Paris*, 1882, in-4° de 8 pages.

324. **Fagot** (P.) Mollusques de la vallée d'Aulus (Ariège). *Paris*, 1880, in-8".
> Tirage à part.

325. **Fau** (D'). Esquisse sur les eaux minérales acidules de la Bastide-du-Peyrat, contenant analyse par moyens physiques, descriptions, citations, notes de guérisons, etc., etc. *Foix*, *Pomiès*, germinal an IX, in-8°.

326. **Fau** (A.) Analyse chimique des eaux minérales et thermales de Foncirgues, commune du Peyrat, canton de Mirepoix, arrondissement de Pamiers, département de l'Ariège. *Foix*, *Pomiès*, 1835, in-12 de 28 pages.

327. **Fau.** Rapport du résultat de l'examen analytique d'une nouvelle source d'eau minérale, découverte par le sieur Louet, à Ussat, commune d'Ornolac (Ariège). *Foix*, *Pomiès*, 1838, in-12 de 8 pages.

328. **Faur** (J.-C.) Notice historique sur Saint-Lizier et le Couserans, grand in-8".

329. **Filhol.** Analyse chimique des eaux minérales d'Ussat. *Pamiers*, *Vergé*, 1856, in-8° de 24 pages.

330. **Filhol** (H.) Voir *Rames*, L'homme fossile ; Réponse à la note.

331. **Filhol.** Ossements de la caverne de l'Herm. *Paris*, 1881, in-8°.
> Extrait du *Bulletin de la Société géologique de France.*

332. **Flourac** (Léon). Jean Ier, comte de Foix, vicomte souverain de Béarn, lieutenant du Roi en Languedoc. Etude historique sur le Sud-Ouest de la France pendant le premier tiers du xv° siècle. *Paris*, A. *Picard*, 1884, grand in-8°.

333. **Foch** (P.) Les eaux d'Ax-les-Bains et leur emploi. *Toulouse*, 1889

334. **Foix** (Paul de). Les lettres de Paul de Foix, archevesque de Tolose et ambassadeur pour le Roy auprès du pape Grégoire XIII, escrites au roi Henri III (pendant les années 1581 et 1582, publiées par Auger de Moléon, sieur de Granier). *Paris, Chappellain*, 1628, in-4°, vélin.

335. **Foix de Candalle** (Abrégé de la vie de Mlle Suzanne-Henriette de), princesse de la Teste de Buch, dame de Monpont, par l'abbé de Belsunce. *Agen, Timothée Gayau*, 1707, in-8°.

> Volume rare. — On trouve à la fin un recueil assez considérable des lettres de Mlle de Foix.

336. **Foix** (Germaine de), reine d'Espagne, nouvelle historique. *Amsterdam, Hans, Hendry*, 1700, in-12.

> Dans cet ouvrage, composé par M. Baudot de Juilly, se trouve l'histoire galante de la princesse Calonne.

337. **Foix** (Louis de). Voir *Tamisey de Larroque*.

338. **Foix**. Voir les ouvrages suivants : Bordes, *Foix et son château* ; Castéras (de), *Histoire de la Révolution française dans le pays de Foix* ; Castillon (d'Aspet), *Histoire du Comté de Foix* ; *Etats de Foix (Les)* ; Garrigou, *Etudes historiques sur l'ancien pays de Foix* ; Hélie (Bertrandi), *Historia fuxensium* ; *Histoire du pays de Foix* ; *Inventaire des documents sur l'histoire du pays de Foix* ; Lescazes (de), *Le mémorial historique* ; Miquel del Verms, *Chronique dels comtes de Foix* ; Olhagaray, *Histoire de Foix, Béarn et Navarre* ; Pasquier, *Coutumes municipales de Foix* ; Perret, *Le pays de Foix* ; Perrière (de la), *Les annales du pays de Foix* ; *Recueil de règlements et délibérations des Etats de Foix* ; *Règlements concernant les impositions de la province de Foix* ; *Règlements concernant les grands chemins de la province de Foix* ; Roschach, *Foix et Comminges* ; Squerrier, *Chroniques romanes*.

339. **Foncirgues**. Voir les ouvrages de MM. Fau et Jolieu sur les eaux minérales de Foncirgues.

340. **Fons** (Victor). L'abbaye royale des Salenques. *Toulouse, Bonnal et Gibrac*, 1865, in-8° de 20 pages.

> Extrait de la *Revue de Toulouse*.
> Voir abbaye des Salenques. (N° 2 du présent catalogue.)

341. **Fons** (Victor). Coup d'œil historique sur le comté de Foix. *Toulouse, Douladoure*, 1872, in-8° de 32 pages.

> Extrait des *Mémoires de l'Académie des sciences, inscriptions et belles-lettres de Toulouse* (tome III).

342. **Fons** (Victor). Rectification d'un passage de Bertrand Hélie au sujet de l'origine du paréage de Pamiers. *Toulouse, Douladoure*, 1873, in-8° de 12 pages.

> Extrait des *Mémoires de l'Académie des sciences, inscriptions et belles-lettres de Toulouse*.

343. **Fons** (Victor). Quelques précisions sur les origines de la ville de Pamiers. *Toulouse, Douladoure*, 1873, in-8° de 12 pages.

> Extrait des *Mémoires de l'Académie des sciences, inscriptions et belles-lettres de Toulouse* (tome IV).

344. **Fons** (Victor). Évêques de Pamiers. *Toulouse, Douladoure*, 1874, in-8° de 28 pages.

> Extrait des *Mémoires de l'Académie des sciences, inscriptions et belles lettres de Toulouse* (tome V).

345. **Fontes**. Catalogue des incunables de la bibliothèque de Foix (Ariège). *Foix, Gadrat*, 1893, in-8° de 16 pages.

346. **Francs-tireurs de l'Ariège**. Dossier des documents officiels concernant la compagnie. *Toulouse, Dupin*, 1870, in-12 de 46 pages.

347. **François** (Jules). Aperçu sur l'état géologique de l'Ariège. *Foix, Pomiès*, 1836, in-12 de 26 pages.

> Extrait des *Annales agricoles, littéraires et industrielles de l'Ariège*.

348. **François** (Jules). Précis historique sur le traitement direct du fer dans l'Ariège. *Foix, Pomiès*, 1837, in-8 .

349. **François** (Jules). Essai sur l'élaboration du minerai de fer dans le traitement direct. Rapport sur la nécessité d'une forge expérimentale dans l'Ariège. *Foix, Pomiès*, 1838, in-8°.

350. **François** (Jules). Note sur l'origine des fers limoneux et des sables aurifères de l'Ariège et de la Haute-Garonne, 1840, in-8° de 16 pages.

> Extrait des *Annales des mines*.

351. **François** (Jules). Recherches sur le gisement et le traitement direct des minerais de fer dans les Pyrénées et particulièrement dans l'Ariège. *Paris*, 1843, 2 vol. in-4°, avec planches et dessins, par F. Mercadier.

> Considérations historiques, économiques et pratiques sur le travail du fer et de l'acier.

352. **Frézoul** (D^r). Jean-Eléonore Cassaing (1760-1849). *Foix*, *Barthe*, 1896, in-8° de 56 pages.

> Cassaing naquit à Varilhes le 20 juillet 1760. Il fut député du Corps législatif sous le *Directoire* et procureur syndic du district de Pamiers sous la *Terreur*.

353. **Frizon** (Pierre). Vie de Henri de Sponde, évêque de Pamiers. *Paris*, 1659, in-12.

354. **Fugairon** (D^r). Les Axéens ou les habitants du canton d'Ax, aux points de vue physique, intellectuel, moral et industriel. *Foix, Gadrat*, 1880, in-12.

355. **Fugairon** (D^r). Topographie médicale du canton d'Ax (Ariège), comprenant un traité des eaux thermo-minérales avec une carte géologique, trois planches et des figures dans le texte. *Paris, Hasselin et Houzeau*, 1888, in-8° de 320 pages.

> Ouvrage couronné par la Faculté de médecine de Paris (1er prix).

G

356. **Gabé** (du). Discours à l'occasion des interpellations sur les troubles de Foix. *Paris, Agasse*, 1840, in-8° de 20 pages.

> M. du Gabé était député de l'Ariège.
> Voir Darnaud, *une Révolte à Foix.*

357. **Garaud** (Louis). Le latin populaire, sa transformation et sa dégradation étudiées au point de vue de la phonétique dans le dialecte languedocien de Pamiers (Ariège). *Paris, Belin*, 1885, in-8°.

358. **Garrigou** (M.) A la naïade des bains d'Ussat, au département de l'Ariège, épître à l'occasion du séjour que Sa Majesté le roi de Hollande a fait à ces bains en juillet 1807. *Foix, Pomiès*, 1808, in-12 de 16 pages.

359. **Garrigou** (abbé). Procès-verbal d'une guérison miraculeuse opérée le 14 septembre 1818 à la chapelle de Notre-Dame de Sabart, paroisse de Tarascon. *Toulouse*, s. d., *Manavit*, in-8°.

> Une vie de l'abbé Garrigou a été publiée par l'abbé Salvan.

360. **Garrigou** (Adolphe). Etudes historiques sur l'ancien pays de Foix et le Couserans. *Toulouse, A. Henault*, 1846, in-8°.

361. **Garrigou** (Adolphe). Sabart, histoire de l'église de Sabart dans le canton de Tarascon-sur-Ariège. Documents inédits et des plus intéressants relatifs à cette église et à tout le haut pays de Foix, anciennement connu sous le nom de *Sabartès*. *Toulouse, Labouisse-Rochefort*, 1849, in-8°.

362. **Garrigou** (Adolphe). Chemin de fer de l'Ariège. De la nécessité, en établissant cette voie ferrée, de la faire aboutir jusques dans la vallée de Tarascon. *Toulouse*, 1853, in-8° de 32 pages.

363. **Garrigou** (Adolphe). Etudes historiques sur l'ancien pays de Foix et le Couserans (suite). Première partie de la période romaine. Les Sotiates du temps de César, avec une carte explicative. *Toulouse, Bompard*, 1856, in-8°

364. **Garrigou** (Adolphe). Histoire des populations pastorales de l'ancien consulat de Tarascon, pour faire suite aux études historiques sur l'ancien pays de Foix et le Couserans. *Toulouse, Calmettes et Cie*, 1857, in-8°.

365. **Garrigou** (Adolphe). Etudes historiques sur l'ancien pays de Foix et le Couserans (suite). Limites de l'ancienne Aquitaine et de la province romaine du temps de César. *Toulouse, Connac, Delpon et Cie*, 1863, in-8°.

366. **Garrigou** (Adolphe). Chemin de fer et plâtres de l'Ariège. *Toulouse*, 1864, in-12 de 10 pages.

367. **Garrigou** (Adolphe). A MM. les Membres de l'académie des sciences de Toulouse et à la Commission de la topographie des Gaules. *Foix, Pomiès*, 1872, in-12.

> Contient des renseignements sur le pays de Foix au moment où les Romains en firent la conquête.

368. **Garrigou** (Adolphe). Vallées ariégeoises avant l'invasion romaine. *Foix, Pomiès*, 1882, in-12.

369. **Garrigou** (Adolphe). Romains et Sotiates dans le pays de Foix. *Foix, Pomiès*, 1884, in-8° de 12 pages.

> Extrait du *Bulletin de la Société Ariégeoise des sciences, lettres et arts*. (janvier 1884).

370. **Garrigou** (D^r). Lettre à M. le professeur N. Joly, présentée par lui à l'académie des sciences de Toulouse. *Toulouse, Connac et Darbas*, 1862, in-8° de 16 pages.

> Entretien sur les recherches faites dans les cavernes de l'Ariège.

371. **Garrigou** (D^r). Histoire et description de la grotte de Lombrives (Ariège). *Toulouse, Connac et Darbas*, 1862, in-8° de 16 pages.

372. **Garrigou** (D^r^). Etude chimique et médicale des eaux sulfureuses d'Ax (Ariège), précédée d'une notice historique sur cette ville et suivie de l'analyse des sources sulfureuses chaudes de Mérens et de celle de la source sulfureuse froide de Tunbal ou de Saliens. *Paris, J.-B. Bailliès*, 1862, in-8° de 246 pages.

373. **Garrigou** (D^r^). Voir *Rames*, L'homme fossile ; Réponse à la note.

374. **Garrigou** (D^r^). L'homme fossile des cavernes de Lombrives et de l'Herm (Ariège). *Toulouse, Delboy*, 1862, in-8° de 92 pages, avec deux planches.

375. **Garrigou et Filhol**. L'âge de la pierre dans les cavernes de la vallée de Tarascon (Ariège). *Paris, Ballot-Bachelier*, 1863, in-4° de 4 pages.

376. **Garrigou** (D^r^). Mémoires sur les cavernes de l'Herm et de Bouichéta (Ariège). *Paris*, 1863, in-8°.

Extrait du *Bulletin de la Société géologique de France*.

377. **Garrigou** (D^r^). Note sur deux fragments de mâchoires humaines trouvées dans la caverne de Bruniquel (Tarn-et-Garonne), 1863.

Ce mémoire fait mention des cavernes de l'Ariège.

378. **Garrigou** (D^r^). Etudes sur les crânes de la caverne de Lombrives (Ariège). *Paris, V. Masson et fils*, 1865, in-12 de 16 pages.

Extrait du *Bulletin de la Société d'anthropologie*.

379. **Garrigou** (D^r^). Aperçu géologique sur le bassin de l'Ariège. *Paris, Martinet*, 1865, in-12 de 40 pages, avec une planche.

Extrait du *Bulletin de la Société géologique de France*.

380. **Garrigou** (D^r^). Age du renne dans la grotte de la Vache, vallée de Niaux, près Tarascon (Ariège). *Toulouse*, 1867, in-12, avec planches.

381. **Garrigou** (D^r^). Traces de diverses époques glaciaires dans la vallée de Tarascon (Ariège). *Paris*, 1867, in-12.

Extrait du *Bulletin de la Société géologique de France* (avril 1867).

382. **Garrigou** (D^r^). Etude stratigraphique de la caverne du Mas-d'Azil et des cavernes des divers âges dans la vallée de Tarascon (Ariège). *Paris*, 1867, in-8°.

Extrait du *Bulletin de la Société géologique de France*.

383. **Garrigou** (D^r). Etude du terrain stratifié, dit laurentien ou antésilurien, dans l'Ariège et les autres parties des Pyrénées. *Paris*, 1867, in-8°.

Extrait du *Bulletin de la Société géologique de France.*

384. **Garrigou** (D^r). Réponse à quelques objections de MM. Marcou et Hébert, au sujet du terrain dit laurentien, dans l'Ariège. *Paris*, 1867, in-12.

Extrait du *Bulletin de la Société géologique de France* (novembre 1867).

385. **Garrigou** (D^r). Sur l'âge du bronze et du fer dans les cavernes des Pyrénées ariégeoises. *Paris, Hennuyer et fils*, 1867, in-8° de 32 pages.

Extrait du *Bulletin de la Société d'anthropologie.*

386. **Garrigou** (D^r). Considérations générales sur l'étude des eaux minérales. Géologie de la station thermale d'Ax (Ariège). *Paris*, 1867, in-8° de 36 pages, avec une planche.

Extrait du *Bulletin de la Société géologique de France.*

387. **Garrigou** (D^r). La vérité sur les objets de l'âge de la pierre polie des cavernes de Tarascon (Ariège). *Paris*, 1867, in-8°.

388. **Garrigou** (D^r). Ax, ses sources, sa géologie. *Toulouse, Bonnal et Gibrac*, 1867, in-12 de 16 pages.

Extrait du *Bulletin de la Société d'histoire naturelle.*

389. **Garrigou** (D^r). Résumé géologique accompagnant la carte géologique de l'Ariège. *Paris*, 1873, in-8°.

Extrait du *Bulletin de la Société géologique de France.*

390. **Garrigou** (D^r). Age de la pierre polie dans les cavernes des Pyrénées ariégeoises. *Paris, Baillère et fils*, in-4°, avec neuf planches.

Ouvrage descriptif des diverses grottes de l'Ariège, contenant une étude sur l'homme préhistorique.

391. **Garrigou** (D^r). Analyse chimique des eaux d'Aulus. *Bruxelles, Ad. Mertens*, 1874, in-12 de 26 pages.

392. **Garrigou** (D^r). Aperçu sur les ressources industrielles du département de l'Ariège. *Bordeaux*, 1875, in-8° de 34 pages.

Extrait du *Bulletin de la Société de géographie commerciale.*

393. **Garrigou** (D^r). Excursion hydrologique dans le département de l'Ariège, faisant suite au cours d'hydrologie de la Faculté de Toulouse. *Toulouse*, 1892, in-8°.

Extrait du *Midi médical.*

394. **Garrigou** (D^r). Stations visitées pendant l'excursion hydrologique de l'Ariège. *Toulouse*, 1892, in-8° de 250 pages.

395. **Garrigou** (D^r). Excursion hydrologique dans l'Ariège (Ussat, Ax, Rocher de Foix, Foncirgues). *Toulouse*, **Privat**, 1893, in-8° de 68 pages avec gravures.

396. **Garrigou** (D^r). Voir les autres ouvrages du docteur Garrigou à la deuxième partie du catalogue.

397. **Gaston**, député du département de l'Ariège. Opinion sur le procès du dernier roi des Français. *A Paris de l'Imprimerie Nationale*, in-12 de 2 pages.

> Imprimé par ordre de la *Convention*.

398. **Gaston**, représentant de l'Ariège à la Convention. Compte rendu à la Convention nationale par Gaston, représentant du peuple, des dépenses qu'il a faites dans ses missions aux armées de la République, par ordre de la Convention (armées des Pyrénes-Orientales et des Alpes). *Paris, Imprimerie Nationale*, pluviôse an III, in-8° de 8 pages.

> Imprimé en exécution du décret du 21 nivôse.

399. **Gaston Phœbus** y Agnès de Nabarro. Soubénences béarnèses. G. Lou jardi béarnès. G. *Pau, Vignancour*, 1843, in-8° de 11 pages.

> L'abbé Garet est l'auteur de ces poésies.

400. **Gaston Phœbus** des déduiz de la chasse des bestes sauvaiges et des oyseaux de proye. Imprimé pour Anthoine Vérard, libraire marchant demeurant à Paris devant la rue neufve Nostre-Dame (vers 1507); petit in-f° à deux colonnes, figures sur bois.

> Le même livre a été imprimé par Jehan Treperel (vers 1508). Une autre édition a été publiée par Ph. Le Noir, sous le titre de Miroive de Phœbus, des déduictz de la chasse aux bestes saulvaiges, etc.
>
> Voir les ouvrages suivants : *Bataille*, Les Haunous de Gaston Phœbus ; *Brière (de la)* Livre de prières par Gaston Phœbus ; *Gaucheraud*, Histoire des comtes de Foix ; *Lavallée*, La chasse de Gaston Phœbus ; *Madaune*, Gaston Phœbus, comte de Foix ; *Montpezat*, Gaston de Foix, chronique ; *Pasquier*, Gaston Phœbus, en Prusse ; *Raymond*, Rôles de l'armée de Gaston Phœbus ; *Soutras*, Froissard à la cour de Gaston Phœbus ; *Vignacourt*, Gaston de Foix, IVe du nom.

401. **Gatien-Arnoult** (A.-F.) J.-P. Pagès (de l'Ariège). Notice sur sa vie et ses ouvrages, lue à l'académie des sciences, inscriptions et belles-lettres de Toulouse, en la séance publique du 16 juin 1867. *Toulouse, Douladoure*, 1867, 1 vol. in-8°.

402. **Gaucheraud**. Histoire des comtes de Foix de la première race. Gaston III, dit Phœbus. *Paris*, 1834, in-8", avec planches.

403. **Gaullieur** (E.) Louis de Foix. *Bordeaux, Gounouilhou*, 1893, in-8° de 52 pages, avec gravures.

> Extrait du *Bulletin de la Société de géographie commerciale de Bordeaux*.

404. **Giraudias**. Notes critiques sur la flore ariégeoise. *Angers*, 1889, in-8° de 24 pages.

> Extrait du *Bulletin de la Société d'études scientifiques d'Angers*.

405. **Gouazé**. Etude sur la situation sociale dans le ressort du présidial de Pamiers aux xviie et xviiie siècles, d'après des documents analysés dans l'inventaire des archives départementales de l'Ariège. *Foix, Pomiès*, 1897, in-8° de 32 pages.

> Extrait du *Bulletin de la Société Ariégeoise des sciences, lettres et arts*.

406. **Gourdon** (Maurice). Quelques jours dans le Couserans, 1880, in-8° de 16 pages.

407. **Grégoire** (Jules). Le carbonifère de Larbont. La faune de la Baure et de Bastia (Ariège). Notices géologiques. *Foix, Gadrat aîné*, in-12 de 8 pages.

408. **Grégoire** (Jules). Les grottes de Durban (Ariège). *Foix, Pomiès*, in-8° de 4 pages.

409. **Grégoire** (Jules). Les grès de Celles et les grès de Labarre (Ariège). Notice géologique. *Foix, Gadrat*, 1883, in-12.

410. **Grenier-Fajal** (O. de). Biographie de Charles de Bourdin, pasteur du Mas-d'Azil, réfugié en Suisse à la révocation de l'édit de Nantes, d'après des documents originaux et inédits. *Montauban*, 1877, in-8°.

411. **Grenier-Fajal** (O. de). Correspondance des deux frères Laborde, forçats du Mas-d'Azil, pour la foi au bagne de Toulon. *Montauban*, 1883, in-8°.

412. **Grenier-Fajal** (O. de). François Rochette, et les trois frères de Grenier, d'après des documents originaux et inédits. *Montauban*, 1888, in-8°.

> Les frères de Grenier appartenaient à une famille protestante du Comté de Foix.

413. **Guettard**. Mémoires sur les paillettes et les grains d'or de l'Ariège. *Paris*, in-8°.

414. **Guibaud** (Dr Jacques). Notice historique sur Notre-Dame du Val d'Amour, les château de Péchafilou, château Vieux et château d'Audou, de Bélesta, *Foix*, *Pomiès*, 1866, in-12.

415. **Guichenon**. Mémoire sur les eaux d'Audinac (Ariège). *Toulousr*, 1804, in-8°.

416. **Guide du baigneur aux thermes d'Ax et d'Ussat** (Ariège). *Foix*, *Gadrat*, 1869, in-18.

417. **Guillon**. Lakanal et l'instruction publique sous la Convention. *Paris, librairie d'éducation laïque*, in-12 de 156 pages avec illustrations.

418. **Guitard**. Mémoire sur l'Ariège. *Paris*, 1761, in-8°.

419. **Guitard** (D[r]). Guide à Ussat-les-Bains (Ariège). *Toulouse, Bonnal et Gibrac*, 1863, in-12.

420. **Guitard**. Souvenir d'Ussat. *Toulouse*, 1865.

421. **Guitard** D[r]). Une fleuraison hyémale à Ussat en 1866, in-8° de 12 pages.

422. **Guitard**. Essai sur la flore d'Ussat. *Toulouse, Bonnard*, 1867, in-8° de 40 pages.

H

423. **Haussmann** (baron). Saint-Girons; une campagne administrative dans les Pyrénées. *Nice*, 15 mars 1876, in-8° de 16 pages.

> Aventures galantes, tableau de mœurs purement fantaisiste, tel est le contenu de cette plaquette écrite en vers libres. L'auteur n'est ni un critique, ni un observateur, c'est un ami de la licence.

424. **Hébert**. Notes sur la géologie du département de l'Ariège. *Paris*, 1884, in-8°.

425. **Hélie** (Bertrandi). Voir *Historia fuxensium*.

426. **Hénri IV**. Lettres inédites de Henri IV à M. de Pailhès, gouverneur du Comté de Foix, publiées par M. le vicomte Ch. de la Hitte. *Auch*, 1886, grand in-8°.

> Ces lettres forment un ensemble plein d'intérêt pour l'histoire du Comté de Foix de 1576 à 1602.

427. Héron de Villefosse. Notices sur les mines du département de l'Ariège. *Paris*, 1810, in-8°.

428. Histoire des démeslez du pape Boniface VIII avec Philippe-le-Bel, roy de France. *Paris*, 1718, in-12.

> Renseignements relatifs aux difficultés entre le pape et le roi de France au sujet de Bernard Saisset, premier évêque de Pamiers.

429. Histoire du pays de Foix, contenant un précis sur les divers peuples qui, depuis les Volces-Tectosages, ont successivement occupé ce pays; sur l'origine de ses principales villes; sur la religion; les lois; les coutumes et le commerce de ses habitants; la vie des comtes de Foix; un exposé de la doctrine des Albigeois et de celle des protestants; le détail des guerres qui en furent la suite, avec des notices historiques sur les principales familles du pays, sur les lieux remarquables qu'il renferme, etc., par un prêtre du diocèse de Pamiers. *Paris, Debécourt*, 1840, in-8°.

> Cet ouvrage est attribué à l'abbé Pezet.

430. Historia fuxensium comitum, Bertrandi Hélie, appamiensis jurisconsulti, in quatuor libros distincta. *Toulouse*, excudebat *N. Vieillardus*, 1540, in-12.

> Bertrand Hélie, jurisconsulte de Pamiers, a composé son histoire du Comté de Foix un an après la publication des *Annales de Foix*, par Laperrière.

431. Hitte (Ch. de). Voir *Henri IV*. Lettres inédites.

432. Homélie d'un vicaire, prononcée le dimanche 25 janvier dans une paroisse du diocèse de P***, dans le Comté de Foix, 1789.

I

433. Inauguration d'une plaque commémorative en l'honneur du philosophe Pierre Bayle. Discours de M. Henri Paul, préfet de l'Ariège. *Foix, Pomiès*, 1883, in-8° de 8 pages.

> Compte rendu de la solennité qui eut lieu le 18 novembre 1883 dans la commune de Carla-Baylé (Ariège).

434. Instructions adressées aux Comités de surveillance régénérés des cantons, lors de leur installation, par J. B. Borrel, agent du représentant du peuple Chaudron-Rousseau. *A Foix, chez Larroire, imprimeur du district de Tarascon*, in-12 de 20 pages.

> Ces instructions sont contresignées par Chaudron-Rousseau, représentant du peuple, en mission dans l'Ariège, et datées de Tarascon du 20 messidor an II.

435. **Inventaire** de documents sur l'histoire du Comté de Foix, conservés à Paris au cabinet historique, in-8°.

> Cette publication, entreprise sous le second Empire, a été faite pour toutes les anciennes provinces de la France.

J

436. **Jasmin dans l'Ariége** (Le poète). Janvier 1854. *Foix, Pomiès*, 1884, in-8° de 8 pages.

> Extrait du *Bulletin de la Société Ariégeoise des sciences, lettres et arts*.

437. **Jeanbernat et Timbal-Lagrave.** Le massif du Laurenti (ancien Donnezan), canton de Quérigut (Ariège), avec une carte en cinq couleurs au $\frac{1}{40.000}$, par Pierre Lazerges, et une planche botanique en noir. *Toulouse, librairie Centrale,* 1876, in-8° de 430 pages.

> Étude très détaillée de la topographie, de la flore et de la géologie de tout le canton de Quérigut ; il y est fait mention de plusieurs plantes portant les noms de MM. Jeanbernat, Timbal-Lagrave et Lazerges, qui les ont découvertes dans la région du Quérigut.

438. **Joanne** (Adolphe). Géographie de l'Ariège. *Paris, Hachette,* 1880, in-12 de 58 pages avec cartes et gravures.

439. **Joffrès** (Hippolyte). Les tours de Foix, drame historique en cinq actes. *Foix, Pomiès*, 1859, in-8° de 76 pages.

> La scène se passe en 1381.

440. **Jolieu** (D[r]). Etudes thérapeutiques sur les eaux minérales et thermales, acidulées, gazeuses, alcalines, ferrugineuses de Foncirgues (Ariège). *Foix, Pomiès*, 1859, in-8° de 68 pages.

> Les eaux de Foncirgues portaient anciennement la dénomination d'*Eaux de la Bastide-du-Peyrat*, à cause du voisinage du bourg de ce nom.

441. **Jougla** (D[r]). Les Pyrénées inconnues ; le Capsir et le Donnezan, *Paris*, in-12.

442. **Jugement** rendu par le tribunal civil du département de l'Ariège, le 29 messidor an V, qui maintient les citoyens Jean-Baptiste Bellissens-Castelnau et Bernard Lafont-Sentenac, en la propriété des montagnes de Peguères, Campels et l'Artillac, etc , in-4° de 40 pages.

> Ce jugement est confirmé par un second jugement rendu sur

appel le 27 prairial an VI par le tribunal civil du département de la Haute-Garonne, séant à Toulouse. Ce jugement fut aussi imprimé. Documents intéressants sur la question forestière dans le syndicat de Durban.

L

443. Labat (Dr A.) Etude sur Ussat (Ariège). *Paris, de l'Imprimerie de la Gazette des Eaux*, 1886, in-8°, de 16 pages.

Extrait de la *Gazette des Eaux*, avril-mai 1886.

444. Labeyrie (Emile). Etude historique sur la vie du cardinal Pierre de Foix, dit le Jeune, évêque de Vannes et administrateur du diocèse d'Aire (1449-1490). *Pau, Veuve Vignancour*, 1874, in-8° de 42 pages.

445. Labios (l'abbé). Vie de sainte Natalène, vierge et martyre, de Pamiers. *Pamiers, Vergé*, 1842, in-12.

446. Laborde (Louis). Discours prononcé à la session extraordinaire du Conseil général du 29 décembre 1890, lors de la discussion des chemins de fer de l'Ariège. *Foix, Pomiès*, 1891, in-8° de 16 pages.

Extrait du procès-verbal du Conseil général de l'Ariège.

447. Laborde (Louis). Chemins de fer de l'Ariège. Situation des chemins de fer départementaux d'un coût kilométrique inférieur à 100,000 francs. Exercice 1890. *Foix, Pomiès*, 1891, in-12 de 14 pages.

448. Laborgne (l'abbé). Hermance de Valméga ou histoire de la folie découverte en 1809 parmi les rochers dont sont hérissées les pentes du Pic de Montcalm (Ariège). *Carcassonne,* 1888, in-12.

Roman historique sur la folle des Pyrénées, qui fut découverte en 1809, dans la vallée de Vicdessos.

449. Labouisse (de). Essais sur la culture de la vigne et de l'olivier, dédiés à l'académie d'agriculture du département de l'Ariège. *Narbonne, Gaillard*, 1819, in-8° de 46 pages.

450. Labouisse-Rochefort (de). Voyage à Renne-les-Bains, *Paris, Desanges*, 1832, in-8°.

Récits anecdotiques sur l'Ariège.

451. Lacvivier (de). Note sur le terrain turonien du département de l'Ariège. *Paris,* 1878, in-8°.

Extrait du *Bulletin de la Société géologique de France.*

452. Lacvivier (de). Note sur le Gault du département de l'Ariège. *Paris,* 1879, in-8°.

Extrait du *Bulletin de la Société géologique de France.*

453. Lacvivier (de). Note sur le Crétacé supérieur du département de l'Ariège. *Paris,* 1879, in-8°.

Extrait du *Bulletin de la Société géologique de France.*

454. Lacvivier (de). Compte rendu de la session extraordinaire tenue dans l'Ariège par la Société géologique de France en 1882. *Foix, Barthe,* 1883, in-8° de 48 pages.

455. Lacvivier (de). Etudes géologiques sur le département de l'Ariège et en particulier sur le terrain crétacé. *Paris, Masson, éditeur,* 1884, in-8° de plus de 300 pages avec planches.

456. Lacvivier (de). Note sur le terrain primaire de l'Ariège et étude comparative des terrains crétacés de l'Ariège et de l'Aude. *Paris,* 1886, in-8°.

Extrait du *Bulletin de la Société géologique de France.*

457. Lacvivier (de). Contribution à l'étude des terrains crétacés de l'Ariège et de l'Aude. *Paris,* 1888, in-8° de 12 pages.

Extrait du *Bulletin de la Société géologique de France* (1888).

458. Lafagette (Raoul). L'Avalanche, poème dit par l'auteur, sur la scène du théâtre de Foix, dans la soirée du 23 février 1895, au bénéfice des sinistrés de la Haute-Ariège. *Foix, Gadrat,* 1895, in-8° de 16 pages.

Ce poème a été composé à la suite des désastres occasionnés par des avalanches dans la Haute-Ariège et principalement dans le village d'Orlu.

459. Lafont-Gouzy (G.-G.) Précis des propriétés physiques, chimiques et médicales des eaux thermales d'Ax, 1841, in-8°.

460. Lafont de Sentenac (Louis). Lettre adressée en 1629 par M. de Laforest-Toiras, commissaire royal, aux Consuls de Foix. *Foix, Barthe,* 1883, in-8° de 6 pages avec avant-propos.

Communication faite à la *Société Ariégeoise des sciences, lettres et arts.* (Séance du 14 octobre 1882.)

461. Lafont de Sentenac (Louis). Conte patois (dialecte du comté de Foix) avec traduction. *Foix, Pomiès*, 1884, in-8° de 4 pages.

Extrait du *Bulletin de la Société Ariégeoise des sciences, lettres et arts.*

462. Lafont de Sentenac (Louis). Le livre d'or du congrès des félibres d'Aquitaine et du concours de philologie et de littérature romanes, organisé par la *Société Ariégeoise des sciences, lettres et arts*, ou Recueil de documents relatifs à ce congrès. *Foix, Pomiès*, 1886, in-8° de 88 pages.

463. Lafont de Sentenac (Louis). Recueil de Noëls de l'Ariège en patois languedocien et gascon, suivi d'une préface et de règles orthographiques. *Foix, Pomiès*, 1886, in-18 de 144 pages.

464. Lafont de Sentenac (Louis). Le nobiliaire de l'Ariège, contenant des notices sur les familles nobles de l'ancien pays de Foix et du Couserans. *Paris*, 1888, in-8° de 186 pages.

Extrait du 7ᵉ volume de l'*Histoire des Ariégeois.*

465. Lafont de Sentenac (Louis). Les débuts de l'imprimerie dans le Comté de Foix. *Foix, Pomiès*, 1899, in-8° de 52 pages avec autographes.

466. Lafuste (Pierre). La citadelle de Montségur (Ariège). *Toulouse, librairie Dupuy*, 1894, 50 pages.

Récit de la guerre des Albigeois.

467. Lahondès (de). Les églises romanes de la vallée de l'Ariège. *Tours, P. Bousrez*, 1877, in-8° avec gravures.

Extrait du *Bulletin monumental* numéros 5 et 8 de 1877.

468. Lahondès (de). La chapelle de Salau en Couserans. *Toulouse, imprimerie de Chauvin*, 1879, in-4° de 10 pages avec 2 planches.

469. Lahondès (de). Lettres inédites d'Henri IV. *Toulouse*, 1881, in-4° de 12 pages.

Lettres patentes de 1578, relatives à Pamiers.

470. Lahondès (de). Les églises fortifiées des pays de Foix et de Couserans. *Tours, P. Bousrez*, 1883, in-8° de 24 pages avec gravures.

Extrait du *Bulletin monumental* de 1883.

471. Lahondès (de). Donation de G. Ortet, de Saint-Girons, aux hospitaliers de Saint-Jean-de-Jérusalem en 1272. *Foix, Barthe*, 1883, in-8° de 8 pages.

Texte en dialecte gascon, précédé d'un avant-propos.

472. **Lahondès** (de). Henri de Sponde, évêque de Pamiers (1626-1643), in-8°. *Paris*, 1883.

> Extrait de la *Revue de Gascogne*.

473. **Lahondès** (de). Les écoles dans une petite ville avant la Renaissance. Extrait des délibérations du Conseil de ville de Pamiers de l'année 1549. *Toulouse, Chauvin*, in-4° de 12 pages.

> Extrait des *Mémoires de la Société archéologique du Midi de la France*, tome XII.

474. **Lahondès** (de). Un procès d'esclave au xv siècle. Extrait des délibérations du Conseil de ville de Pamiers de l'année 1549. *Toulouse, Chauvin*, in-4° de 8 pages.

> Extrait des *Mémoires de la Société archéologique du Midi de la France*.

475. **Lahondès** (de). Quelques châteaux du pays de Foix. *Tours*, 1884, in-8° de 37 pages.

> Extrait du *Bulletin de la Société archéologique de France*.

476. **Lahondès** (de). Annales de Pamiers, avec cartes, portraits, vues et plans. *Pamiers, Galy*, 1884, 2 vol. in-8°.

> Ouvrage très documenté.

477. **Lahondès** (de). Les prieurés de Saint-Sernin de Toulouse dans le pays de Foix. *Caen*, 1886, in-8° de 36 pages, avec gravures.

> Extrait du *Bulletin monumental*.

478. **Lahondès** (de). Maisons anciennes dans l'Ariège et dans l'Aude. *Caen, Delesque*, 1894, in-8° de 32 pages, avec planches.

> Extrait du *Bulletin monumental*.

479. **Lahondès** (de). La confrérie des artisans de Pamiers. *Foix, Francal*, 1897, in-8° de 8 pages.

480. **Lakanal**, député de l'Ariège. Rapport fait au nom du Comité d'instruction publique, an III, 12 pages in-8°. Séances des écoles normales, 1re partie. Leçons, tome III, *Paris*, an III, 489 pages.

> Lakanal est né à Serres (Ariège).

481. **Lakanal**, député du département de l'Ariège. Opinion sur la question de savoir si Louis XVI peut être jugé. *A Paris, de l'Imprimerie Nationale*, 1792, in-12 de 8 pages.

> Imprimé par ordre de la *Convention*.

482. **Lakanal** (Exposé sommaire des travaux de Joseph), ex membre de la Convention nationale et du Conseil des Cinq-Cents. *Paris, Firmin-Didot*, 1838, in-8° de 231 pages.

Autobiographie de l'ariégeois Lakanal.

483. **Lakanal**, son administration dans le département de la Dordogne, par F. Clamageran, P., 1875, 66 pages, grand in-18.

484. **Lakanal.** Voir Darnaud, *notice sur Lakanal ; Discours prononcés à l'inauguration de la statue Lakanal ;* Fages, *discours ;* Legendre, *notice sur Lakanal ;* Marcus, *notice sur Lakanal ;* Guillon, *Lakanal et l'instruction publique ;* Mario-Proth, *notice sur Lakanal ;* Tournier, *Lakanal, dénonciateur ;* Hansy (de), *les derniers jours du jardin du roi* (2ᵉ partie du catalogue); Lakanal, *rapport sur J.-J. Rousseau* (2ᵉ partie du catalogue).

485. **Laperrière** (Guillaume de). Les annales de Foix, joinctz à ycelles les cas et faicts dignes de perpétuelle recordation, advenuz tant aulx pays de Béarn, Comminge, Bigorre, Armygnac, Navarre et lieux circumvoisins, despuis le premier Comte de Foix, Bernard, jusques à très illustre et puissant prince Henry, à présent Comte de Foix et roi de Navarre. *Tholose, chez Nicolas Vieillard*, 1539, in-8° avec portraits.

Laperrière est né à Toulouse en 1499. Son livre, *Les Annales de Foix*, est fort rare et très recherché parce qu'il a été le premier ouvrage imprimé en français sur l'histoire du pays de Foix. Un exemplaire a été acheté 300 francs par un bibliophile toulousain.

486. **Latheulade** (de). Coup-d'œil sur le département de l'Ariège, précédé d'une notice sur le Comté et le Pays de Foix. *Toulouse, Chauvin et Cie*, 1847, in-12.

487. **Laroque** (Louis de). Catalogue des gentilshommes de Roussillon, Foix, Commiges, Conserans, qui ont pris part ou envoyé leur procuration aux assemblées de la noblesse pour l'élection des députés aux états généraux de 1789, publié d'après les procès-verbaux officiels. *Paris, Dentu*, 1863, in-8°.

488. **Latour** (de Saint-Ybars). Suzanne de Foix, drame en cinq actes et en vers, représenté pour la première fois sur le théâtre de Toulouse, le 23 mai 1832. *Toulouse, J.-M. Corne*, 1832, in-8°.

489. **Latour** (de Saint-Ybars). De la question forestière dans l'Ariège. *Toulouse, Bonnal et Gibrac*, 1849, in-12 de 30 pages.

490. **Latour** (Isidore). Vallia, tragédie en cinq actes en vers. *Paris*, 1841, in-12.

La scène se passe dans un couvent du Pays de Foix, an 518.

491. **Laurière** (Jules de). Excursion du congrès archéologique à Saint-Lizier (30 mai 1884). *Tours*, 1884, in-8° de 50 pages avec planches.

Extrait du *Bulletin monumental*.

492. **Lavallée** (J.) La chasse de Gaston Phœbus, comte de Foix, avec notice sur sa vie. *Paris*, 1854, in-8°.

La vie de Gaston Phœbus y occupe 52 pages.

493. **Lavergne** (Adrien). Excursion de la Société française d'archéologique dans le Couserans. Congrès de l'Ariège en 1884. *Auch, Foix*, 1885, in-8° de 24 pages.

Histoire et description des antiquités et monuments dans cette contrée.

Extrait de la *Revue de Gascogne*.

494. **Lazare-Anduze.** Voir *Chemin de fer de Saint-Girons à Perpignan*.

495. **Lazerges.** (M.-P.) Catalogue des plantes récoltées dans le département de l'Ariège. *Toulouse, Douladoure*, 1877, in-8° de 39 pages.

Extrait du *Bulletin de la Société des sciences physiques et naturelles de Toulouse.*

496. **Legendre** (Paul). Lakanal, député de l'Ariège à la Convention, né près de Foix. Avec une préface par Paul Bert. *Paris*, 1882, in-12 de 144 pages.

497. **Lenient.** Etude sur Bayle. *Paris, Joubert*, 1855, in-8°.

Le philosophe Pierre Bayle est né au Carla (Ariège).

498. **Lescazes** (de). Voir le *Mémorial historique*.

499. **Lescouvel** (de). La comtesse de Chateaubriand ou les effets de la jalousie, 1724, in-12.

Roman historique sur les tragiques amours de François Ier et de la comtesse de Chateaubriand, dame de Foix.

500. **Leseur** (Guillaume). Histoire de Gaston IV, comte de Foix ; chronique française inédite du xve siècle. *Paris, Renouard, Laurens, successeur*, 1893, 2 vol. in-8° de 224 pages.

Le tome I seul a paru ; il a été publié sous la direction de M. Courteault par la *Société de l'histoire de France*.

501. **Lespy** (V.) Les honneurs d'Archambaud, comte de Foix, souverain de Béarn. Document inédit du xvᵉ siècle. *Auch, Félix Foix*, 1860, in-8° de 38 pages.

502. **Lespy.** Meubles et joyaux de Jean, comte de Foix, et d'Eléonore de Navarre. *Condom*, 1860, in-8° de 4 pages (extrait).

503. **Lettre-circulaire** de Mgr l'Evêque de Pamiez (F.-E. de Caulet) à tous Nosseigneurs les prélats de France sur l'affaire des jésuites de son diocèse qu'il a excommuniés (21 février 1668). S. l. n. d., in-4°.

> Ce document a été reproduit dans les pièces justificatives de l'*Histoire de Languedoc*, édition Privat, tome XIV.

504. **Lettre** de l'abbaye du Mas-d'Azil sur le sujet du procès contre les attentats d'un de ses vicaires perpétuels. Signé : les religieux de l'abbaye du Mas-d'Azil, 7 mars 1682, in-4°. S. l. n. d.

505. **Lettre du Roi** pour la convocation des États généraux à Versailles le 27 avril 1789 et le règlement y annexé pour le comté de Foix. *Paris, Imprimerie Royale*, 1789, 8 pages.

506. **Lettres patentes du Roi** (21 janvier 1781), concernant l'admission des boursiers au collège de Foix, fondé en 1457 dans l'Université de Toulouse, par le cardinal de Foix. *Toulouse, Pijon*, in-4° de 12 pages.

507. **Lettres patentes** confirmant les privilèges des habitants d'Ax et de tout le consulat, de mars 1655, in-4°.

508. **Lettres patentes du Roi** concernant la division du département de l'Ariège. *De l'Imprimerie Royale*, 1790.

> Décret du 23 août 1789, loi du 30 avril 1790.

509. **Lettres patentes du Roi** pour autoriser la municipalité de Mirepoix à imposer la somme de deux mille livres. *De l'Imprimerie Royale*, 1790.

> Décret du 11 juin 1790, loi du 21 juin 1790.

510. **Lequeutre.** Une excursion dans les vallées de l'Aude et du Rebenty, canton de Quérigut. *Paris*, 1876, in-8°, 12 pages.

> Extrait du *Bulletin du Club alpin français*.

511. **Leudari** (Le), de Mirapeis et de Laroqua. S. l. n. d., in-f° de 10 pages.

> Ce leudaire en langue romane est composé de 118 articles relatifs au droit de péage de Mirepoix et de Laroque.

512. **Lévis** (chevalier de). Voir Doublet, *Le dernier maréchal de camp.*

513. **Lévy de Vantadour** (L. de), évêque de Mirepoix. A S. E. Mgr le Cardinal duc, président-né de l'assemblée du clergé de France. A l'assemblée du clergé de France. *Paris, Henaut,* 1660, in-4°.

> Au sujet de son différend avec quelques-uns de ses prêtres, relativement aux places et honneurs prétendus dans le chœur par des laïques.

514. **Leymarie** (V.). Nouvelle source minérale de Foix. *Bordeaux,* 1870, in-8° do 8 pages.

> Extrait de la *Revue d'Aquitaine.*

515. **Leymerie** (A.). Esquisse géognostique de la vallée de l'Ariège. *Paris, Savy,* 1863, in-8° avec carte.

> Extrait du *Bulletin de la Société géologique de France* (mars 1863).

516. **Lézat** (Toussaint). Les Pyrénées-Centrales, 1885, in-8°.

517. **Loi** qui improuve divers arrêtés pris par le Directoire du département de l'Ariège ; renvoie devant les juges du district de Toulouse la connaissance des abus imputés au sieur Darmaing et le suspend provisoirement de ses fonctions. *De l'Imprimerie Royale,* 1791.

> Décret du 27 décembre 1790, loi du 2 janvier 1791.

518. **Loi** qui autorise les administrateurs du département de l'Ariège à acquérir la maison de l'abbaye de Saint-Volusien, pour y placer le Directoire du département et le tribunal de district, aux conditions et exceptions y portées. *De l'Imprimerie Royale,* 1791.

> Décret du 22 février 1791, loi du 25 février 1791.

519. **Loi** relative au 85ᵉ régiment, ci-devant de Foix. *De l'Imprimerie Royale,* 1791.

> Décret du 12 juillet 1791, loi du 20 juillet 1791.

520. **Loi** relative à l'emplacement du tribunal du district de Tarascon. *De l'Imprimerie Royale,* 1791.

> Décret du 26 août 1791, loi du 29 août 1791.

521. **Loi** relative à la circonscription des paroisses du district de Tarascon, de Saint-Girons et de Mirepoix, donnée à Paris, le 11 août 1792, l'an quatrième de la Liberté. *Foix, chez Louis Fontes,* imprimeur du département de l'Ariège, l'an premier de la République française, in-4° de 26 pages.

522. Luchaire (Achille). Alain-le-Grand, sire d'Albret, l'administration royale et la féodalité du Midi (1440-1522. *Paris*, *Hachette*, 1877, in-8° de 240 pages.

> Renseignements divers sur l'administration féodale dans le pays de Foix.

M

523. Madame la maréchale de Mac-Mahon (A), présidente du Comité central de secours aux inondés et à Messieurs les Membres de ce Comité. *Toulouse*, *Vialelle*, 1875, in-12 de 16 pages.

> Lettre sans signature dans laquelle on expose l'état misérable des habitants de Verdun (Ariège) après l'inondation du mois de juin 1875, qui détruisit ce village.

524. Madaune (M. J. M.). Gaston Phœbus, comte de Foix et souverain de Béarn. *Pau*, *Vignancour*, 1864, in-12.

525. Madaune (abbé de). Le livre des Oraisons de Gaston Phœbus, vicomte souverain de Béarn, comte de Foix, publié pour la première fois, d'après un manuscrit de la Bibliothèque nationale. *Paris*, *A. Picard*, 1893, in-8° de 42 pages.

526. Magnau (Henri). Note sur une deuxième coupe des Petites Pyrénées de l'Ariège. Sur l'ophite (diorite), roche essentiellement passive, et aperçu sur les érosions et les failles. *Paris*, 1868, in-8°.

> Extrait du *Bulletin de la Société géologique de France*.

527. Magnes-Lahens. Analyse de l'eau minérale de la fontaine de Tarascon (Ariège), connue sous le nom d'eau de la fontaine de Sainte-Quitterie. *Toulouse*, 1818, in-8° de 24 pages.

528. Magnes-Lahens. Analyse de l'eau minérale d'Audinac. *Toulouse*, *Bellegarrigue*, in-8° de 8 pages.

529. Magnes-Lahens. Analyse des eaux minérales d'Ax. *Toulouse*, *Bellegarrigue*, 1823, in-8°.

530. Maizeaux (des). La Vie de M. Bayle, à la Haye, 1732, 2 vol. in-12 de 338 pages.

> La notice de M. des Maizeaux figure en tête du dictionnaire philosophique de P. Bayle.

531. **Malus** (de). Recherches faites, en l'année 1600, par Jean
de Malus, écuyer, maître de monnaie de Bordeaux, par
ordre de M. le maréchal Dornous, gouverneur.

> Le mémoire de Jean de Malus a été publié dans l'ouvrage de
> M. Gobet « Les anciens minéralogistes de la France ». (Voir
> Gobet, 2ᵉ partie du Catalogue.) Ce mémoire donne de nombreux
> renseignements sur les mines du Couserans et principalement de
> la vallée d'Aulus.

532. **Manaud de Boisse** (L.) Promenade à travers le Saint-Gironnais (Audinac, Aulus). *Toulouse*, 1878, in-8º.

533. **Manaud de Boisse** (L.) Panorama historique du Couserans
(son administration jusqu'en 1889) et de l'antique ville de
Saint-Lizier (période romaine et période chrétienne). *Foix,
Pomiès*, 1886, in-12.

534. **Manuel de vinification** appropriée au département de
l'Ariège. *Foix, Francal*, 1893, in-16 de 48 pages.

535. **Marcailhou-d'Aymeric** (H.) Ax-Thermal et pittoresque.
Nouveau guide pratique de l'étranger à la station d'Ax-les-Bains avec une notice médicale, extraite et résumée des
ouvrages du docteur Auphan. *Foix, Pomiès*, 1885, in-12.

536. **Marcailhou-d'Aymeric** (H.) Monographie de la ville d'Ax.
Toulouse, Vialelle et Cie, 1886, in-12.

537. **Marcailhou-d'Aymeric** (H.) Etude chimique sur les sources sulfureuses de la haute vallée de l'Ariège (Mérens et
Saliens). *Toulouse, Vialelle*, 1886, in-8º de 8 pages.

> M. Marcailhou-d'Aymeric a publié dans plusieurs revues
> scientifiques de nombreux et importants travaux sur la botanique
> de l'Ariège et des Pyrénées.

538. **Marcailhou-d'Aymeric** (H.) Les avalanches d'Orlu, d'Ax-les-Thermes et de l'Hospitalet, canton d'Ax-les-Thermes
(Ariège). *Foix, Gadrat*, 1895, in-12 de 78 pages.

539. **Marcailhou-d'Aymeric** (abbé). Livre d'or de ma famille.
L'Ariégeois J.-P. Augustin Marcailhou-d'Aymeric, ou le
dernier des doctrinaires de l'Esquile. *Foix, Francal*, 1898,
in-8º.

> Biographie et récit d'événements politiques contemporains.
> Etude historique sur le canton d'Ax.

540. **Marchandon** (M.-P.-J.) Le saison des bains à Ax (Pyrénées-Centrales). Description de l'Ariège et de ses curiosités.
Bordeaux, 1864, in-12 de 115 pages.

541. **Marcus**. Lakanal, avec préface de Pascal Duprat, édition
ornée d'un portrait et d'un autographe. *Paris, Marpon et
Flammarion*, 1879, in-8°.

> Le Conventionnel Lakanal est né à Serres (Ariège) 1762-1845.

542. **Mario-Proth**. 93 et l'instruction publique. Lakanal. *Paris,
Beauvais, libraire*, 1872, in-8° de 32 pages.

> Extrait du *Journal Officiel* du mois de janvier 1871.

543. **Marnière** (de la). Histoire des Comtes de Foix et du Val
d'Andorre. *Paris, Caulet*, s. d. avec nombreuses planches.

544. **Marrot**. Mémoire sur le traitement des minerais de fer dans
les forges catalanes de l'Ariège. *Paris*, 1835, in-8°.

> Extrait des *Annales des Mines*.

545. **Marsy** (abbé de). Analyse raisonnée de Bayle ou abrégé mé-
thodique de ses ouvrages, particulièrement de son dictionnaire historique et critique, dont les remarques ont été fondues dans le texte, pour former un corps instructif et agréa-
ble de lectures suivies. *Londres*, 1755, 8 volumes in-12.

546. **Marty** (Gustave). Deux nouvelles sépultures de l'époque des
Dolmens (temps mégalithiques présumés de l'âge de la
pierre) découvertes dans le bassin de la Garonne, près Pamiers (Ariège). *Toulouse*, 1884, in-8° de 18 pages.

> Les abris dont il est question dans cet opuscule ont été trouvés
à Montgrenier, à 5 kilomètres environ de Mirepoix.

547. **Marty** (Gustave). Les grottes de l'Ariège et en particulier celle
de Lombrive. *Toulouse*, 1887, in-8° de 94 pages avec une carte.

548. **Marty** (Gustave). Quinze jours à Ussat-les-Bains (Ariège).
Itinéraires divers. *Toulouse*, 1887, in-8° de 64 pages.

549. **Mas-d'Azil** (Le). Nouvelle historique, traduite de l'alle-
mand. *Paris*, 1876, in-12 de 286 pages.

550. **Mas-d'Azil**. Voir Bousquet, *Le Mas-d'Azil et sa grotte ;*
Cau-Durban, *L'abbaye du Mas-d'Azil ; Le Mas-d'Azil, nou-
velle historique ; Lettre de l'abbaye du Mas-d'Azil ;* Saint-Paul,
Mémoire historique sur le Mas-d'Azil.

551. **Maurel** (A.) Providentielle préservation de la chapelle de
Notre-Dame de Laroque-d'Olmes pendant l'inondation du
23 juin 1875. *Foix, Pomiès*, 1878, in-32.

552. **Melliès**. Lettre à M. Garrigou sur sa brochure intitulée : La
vérité sur les objets de l'âge de la pierre poli des cavernes
de Tarascon. *Toulouse*, 1868, in-8° de 36 pages avec planche.

553. Mémoire sommaire pour les catholiques de la ville de Pamiez contre le restablissement prétendu par les religionnaires. S. l. n. d., in-8° de 4 pages.

> Il s'agit d'une requête adressée au roi par Mgr F. de Caulet, évêque de Pamiers, après 1654, pour protester contre le rétablissement des Huguenots dans la ville de Pamiers.

554. Mémoire pour les habitants de la vallée d'Andorre, pays frontière, sur les monts Pyrénéens. *Paris, Didot*, 1764, in-4° de 10 pages.

> Requête présentée au roi pour lui demander le dégrèvement des droits indûment exigés par le bureau des traites de Tarascon sur les blés achetés par les Andorrans dans ladite ville, dépendant du Comté de Foix. Cette requête est suivie du dispositif de l'arrêt du Conseil d'Etat qui déclare fondée la réclamation des Andorrans.
>
> Pièce curieuse dans laquelle il est question des privilèges octoyés à l'Andorre par les Comtes de Foix et les rois de France.

555. Mémoire pour la commune d'Erp, canton de Saint-Girons, contre la commune d'Alos, même canton. S. l. n. d., in-4° de 14 pages.

556. Mémoire en réponse, par la commune d'Alos, contre la commune d'Erp. S. l. n. d., in-4° de 16 pages.

557. Mémoire où sont décrits les ateliers et le travail des forges du Pays de Foix et du Roussillon, 1775.

558. Mémoire en réponse pour Messire François Tristan de Cambon, évêque de Mirepoix, conseiller d'honneur au Parlement de Toulouse, défendeur, contre le syndic du Chapitre de l'église cathédrale de Mirepoix, impétrant, au sujet des réparations de ladite église, 1776. Parlement de Bordeaux, par suite d'invocation de requête civile, in-4° contenant 322 pages pour le mémoire et 222 de pièces justificatives.

559. Mémoire en réponse pour les consuls, syndic et communauté d'Ercé contre les consuls, syndic et communauté d'Aulus, 1780, in-4° de 40 pages.

560. Mémoire pour le Tiers-Etat de la Province et Pays de Foix, in-12 de 40 pages, publié en 1789.

> Ce mémoire, daté du 1er de l'an 1780, est signé Acoquat, syndic de l'ordre du Tiers-Etat. Il contient les doléances adressées au Roi par le Tiers-Etat, au sujet des charges dont il est accablé.

561. **Mémoire** sur le résultat de la vérification du cimetière de Varilhes, ordonné par arrêt du Parlement du 10 mars 1789, par Chaptal, docteur, suivi d'une consultation de MM. Brousonnet, Gouan, etc., docteurs de Montpellier, sur le même objet, 1789, in-4° de 8 pages.

562. **Mémoire contenant réponse,** pour le sieur Hilarion-Gabriel-Louis-Amédée de Lordat-Bram, domicilié à Toulouse, contre l'administration des Eaux et Forêts du département de l'Ariège. *Foix, Pomiès, aîné* (1810 environ), in-4° de 20 pages.

> Renseignements historiques sur les Maisons de Foix et de Lordat et notamment sur la question forestière dans la Haute-Ariège.

563. **Mémoire** relatif à l'établissement d'une succursale de la Banque de France dans le département de l'Ariège. *Foix, Pomiès,* 1874, in-4° de 20 pages.

564. **Mémoire** sur un projet d'érection du collège communal de Foix en lycée. *Foix, Pomiès,* 1876, in-12 de 24 pages.

565. **Mémoire** sur le projet de création d'un lycée dans l'Ariège. *Foix. Pomiès,* 1880, in-8°.

> Ce mémoire, qui ne porte pas de nom d'auteur, a été publié par M. Barrau, maire de Foix.

566. **Mémorial historique** (Le), contenant la narration des troubles et ce qui est arrivé diversement de plus remarquable dans le païs de Foix et diocèse de Pamiers, depuis l'an de grace 1490 jusques à 1640, par Jean-Jacques de Lescazes, foixien, prestre, jadis curé Foix, et à présent de Bénac, et ses annexes de Serres et du Bosc, au mesme diocèse. *A Tolose, par Armand Colomiès,* MDCXLIV, in-12 de 235 pages.

> Une nouvelle édition de ce livre, devenu rare, a été faite en 1894, par l'imprimerie Pomiès, à Foix. Elle contient une table analytique et une notice sur l'auteur, par F. Pasquier.

567. **Mercadier**. Tableaux des anciennes mesures du département de l'Ariège, comparées à celles du nouveau système métrique, rendus conformes à la détermination définitive du mètre. *Foix, Pomiès,* 1805, in-8°.

> Le travail de M. Mercadier, envoyé au Ministre de l'Intérieur par l'administration centrale du département de l'Ariège, fut reconnu le meilleur par le gouvernement de l'époque.

568. **Mercadier**. Ebauche d'une description abrégée du département de l'Ariège, publiée par ordre du citoyen Brun. *Foix, Pomiès*, an IX, in-8° de 70 pages.

569. **Mérignon**. Voir Traduction française du panégyrique de Louis-Le-Juste.

570. **Merlin** (P. D.) Géographie du département de l'Ariège. Etude physique, historique, administrative, agricole, industrielle et commerciale, avec une carte physique et historique du département, divisée et coloriée par arrondissements, et une carte politique, administrative et économique, divisée et coloriée par cantons. *Paris, Gustave Guérin et C*^{ie}, 1892, in-4° de 12 pages sur 2 colonnes.

> L'auteur a fait des notices séparées sur tous les départements de la France, sous le titre de : *Géographies départementales*.

571. **Mines de Rancié**. Voir *Arrêté de la Préfecture du département de l'Ariège* ; Barbe, *Recueil de titres authentiques ;* Dufrenoy, *Du gisement de la mine de fer de Rancié; Pétition adressée au Préfet de l'Ariège ; Règlement de la mine ; Notice sur les mines ;* Pérouse (de la), *Fragments de la minéralogie.*

572. **Mirepoix**. Voir *Leudari de Mirapeis.*

573. **Miquel del Verms**. Voir *Chronique dels comtes de Foix.*

574. **Monnoye** (de la). Histoire de M. Bayle et de ses ouvrages. *Amsterdam*, 1716, in-12.

575. **Montpezat** (Mme Charles de). Gaston de Foix. Chronique. *Paris, Barba*, 1846, 2 vol. in-8 .

> Vie de Gaston de Foix.

576. **Morel** (J.-P.-M.) La chapelle de Sabart, à Tarascon-sur-Ariège. *Saint-Germain, de l'imprimerie de L. Touroy et C*^{ie}, 1868, in-8°.

> Extrait de l'*Investigateur*.

577. **Motelay**. Définition de l'isoète brochoni. *Bordeaux, J. Durand*, 1892, in-8° de 8 pages, avec une planche.

> La plante lacustre, décrite par M. Motelay, est pour la flore française, une espèce nouvelle qui a été découverte à Ax (Ariège).

578. **Moura-Bourrouillou** (D^r). Ax-Ariège. Eaux thermales sulfureuses et leurs vapeurs. *Paris, Rinuy*, 1895, in-8° de 16 pages.

579. Moura (D^r). Ax-Ariège. Clinique thermale. *Paris, E. Rinuy.* 1898, in-8° de 8 pages.

580. Musée départemental de l'Ariège. Projet de création. Collection Garrigou. Comité d'initiative *Foix, Barthe,* 1882, in-12.

581. Musée de l'Ariège (Inauguration du). Conférence de M. le docteur Garrigou. *Toulouse,* 1883, in-12.

Extrait du *Progrès libéral* de Toulouse.

582. Mussy. Note sur les gîtes métalliques de l'arrondissement de Saint-Girons (Ariège). *Saint-Etienne, Théolier et Cie,* 1864, in-8° de 112 pages, avec cartes.

Extrait du *Bulletin de la Société de l'industrie minérale.*

583. Mussy. Roches ophitiques du département de l'Ariège. *Paris,* 1868, in-8° de 62 pages.

Extrait du *Bulletin de la Société géologique de France.*

584. Mussy. Possibilité de l'existence du terrain houiller dans le département de l'Ariège. Monographie des schistes anciens supérieurs tenant, dans l'Ariège, la place de l'étage houiller. *Paris,* 1869, in-8°.

Extrait du *Bulletin de la Société géologique de France.*

585. Mussy. Description de la constitution géologique et des ressources minérales du canton de Vicdessos et spécialement de la mine de Rancié. *Paris, Dunad,* 1869, in-8° de 164 pages, avec planches.

586. Mussy. Traitement du minerai de fer de Rancié dans les usines métallurgiques du département de l'Ariège. *Paris,* 1869, in-8°.

Extrait des *Annales des mines,* tome XV.

587. Mussy. Carte géologique et minéralurgique du département de l'Ariège, texte explicatif. *Foix, Pomiès,* 1870, in-8°

Le Conseil général de l'Ariège accorda une importante subvention à l'auteur pour l'impression de son ouvrage et de la belle carte qui l'accompagne.

N

588. Narbonne-Lara (comte de). Discours prononcé à la session extraordinaire du Conseil général du 29 décembre 1890, lors de la discussion des chemins de fer de l'Ariège. *Foix, Pomiès,* 1891, in-8° de 12 pages.

Extrait du procès-verbal du Conseil général de l'Ariège.

589. **Natalène** (Sainte). Voir Labios, *Vie de sainte Natalène.*

590. **Nigoul** (Toussaint). Les forges catalanes. Conférence faite à la Société amicale des Ariégeois de Paris. *Foix, Gadrat,* 1886, in-8° de 18 pages.

> Travail sur l'industrie des forges dans l'Ariège.

591. **Noces d'or** ou 50ᵉ année de prêtrise de M. l'abbé Duclos, chanoine honoraire de Paris, curé de Saint-Eugène. *Paris, Capiomont,* 1890, in-8° de 52 pages.

> L'abbé Duclos, auteur de l'*Histoire des Ariégeois,* est originaire de Saint-Girons (Ariège).

592. **Noms des anciennes rues de Foix** (Les). *Foix, Pomiès,* 1895, in-18 de 12 pages.

> Extrait du *Moniteur de l'Ariège.*

593. **Notes sur les débuts de la Révolution à Pamiers,** d'après des documents inédits des archives municipales de la ville. *Foix, Gadrat,* 1895, in-8° de 22 pages.

> Lettres inédites de Vadier. Proclamations.

594. **Notice sur les bains d'Ussat** (Ariège). *Pamiers, Vergé,* 1869, in-8° de 12 pages.

> Ce mémoire rédigé par M. T. C. (Thomas Chouet), a été imprimé à 6,000 exemplaires par ordre de la Commission administrative de l'hospice, propriétaire des bains d'Ussat.

595. **Notice sur les mines du département de l'Ariège.** *Paris, de l'imprimerie de Le Normant,* 1810, in-8° de 56 pages.

596. **Notice historique** concernant une branche de la famille des ducs de Roquelaure, qui existe depuis six cents ans, dans le Donnezan, aujourd'hui canton de Quérigut, arrondissement de Foix, département de l'Ariège. *A Foix, chez Jean Pomiès, imprimeur de la Préfecture de l'Ariège,* 1822, in-4° de 24 pages.

> Cette brochure, publiée par M. Calvet-Méric, est précédée d'une étude sur l'histoire du Comté de Foix et du pays de Donnezan. Elle contient aussi des renseignements sur la famille de Bonnac, issue de la Maison d'Usson.

597. **Notice officielle** sur l'exploitation des métaux autres que le fer. Ariège. Mine des Escaranades, près Aulus. *Paris, Imprimerie Nationale,* 1849.

> Détails intéressants sur les alluvions de l'Ariège.

598. **Notice** historique et médicale des eaux minérales du Rocher de Foix (Ariège). *Toulouse*, 1866, in-12 de 20 pages.

599. **Notice** sur les eaux minérales d'Ussat (Ariège). Saison du 1er juin au 1er octobre. *Toulouse, chez Sirven*, 1885, in-12 de 16 pages, avec une photographie.

600. **Notice** sur Ax-les-Thermes (Ariège) et son Casino. *Paris, imprimerie artistique Ménard et Chaufour*, 1898, in-8° de 18 pages, avec gravures.

601. **Noulet**. Etude sur les cavernes de l'Herm, particulièrement au point de vue de l'âge des restes humains qui en ont été retirés. *Toulouse*, 1874, in-8°.

602. **Noulet** (D.-J.-B) Etude de Lombrive ou grande caverne d'Ussat (Ariège) et de ses accessoires. *Toulouse , Privat , éditeur*, 1882, in-4°, avec figures.

O

603. **Observations** sur *l'à juger* des héritiers Sirgand pour le maire d'Ercé contre les héritiers du sieur Sirgand et contre le maire d'Aulus. *Toulouse*, in-4° de 48 pages.

604. **Observations** pour les consuls, syndic et communauté d'Aulus. S. l. n. d., in-4° de 8 pages.

605. **Observations et renseignements** sur le rapport de la Commission nommée par le Conseil des *Cinq-Cents* pour examiner la pétition de la commune de Pamiers, qui réclame de la fixation du siège des tribunaux civil et criminel de l'Ariège dans celle de Foix et en demande la translation dans son enceinte. *Paris, Baudoin*, s. d., in-8°.

606. **Observations** pour les consuls, syndic et communauté d'Ercé contre les consuls et communauté d'Aulus, 1777, in-4°.

607. **Observations** pour les consuls, syndic et communauté d'Ercé contre les consuls et communauté d'Aulus, 1784, in-4° de 26 pages.

608. **Observations** pour les consuls et communauté d'Ercé contre les consuls et communauté d'Aulus. 1786, in-4° de 26 pages.

609. **Observations** pour la commune d'Ercé (Ariège) contre la commune d'Aulus et contre les héritiers du sieur de Sirgand d'Ercé sur le procès pendant entre parties devant la Cour royale de Toulouse, relativement à la propriété de plusieurs montagnes, bois et forêts. *Foix, Pomiès*, 1833, in-4°.

610. **Observations** sur la réponse des époux de Limairac, aux conclusions motivées des communes de Tarascon, Ussat et Ornolac. *Toulouse*, 1853, in-4° de 16 pages.

611. **Observations** médicales sur les Eaux minérales du Rocher de Foix (Ariège). *Foix, Gadrat*, 1868, in-12 de 16 pages.

612. **Œuvres patoises** du poète fuxéen Tribolet (1768-1844), précédées d'une étude sur la vie et les poésies de cet auteur. *Foix, Pomiès*, 1889, in-8°.

> Une édition nouvelle, revue et augmentée, a été publiée en 1891 par l'imprimerie Gadrat.

613. **Olhagaray** (Pierre). Histoire de Foix, Béarn et Navarre, diligemment recueillie, tant de précédens historiens que des archives desdites Maisons, en laquelle est exacement mons-trée l'origine, accroissements, alliances, généalogies, droicts et successions d'icelles, jusques à Henri III, seigneur de Béarn et Comte de Foix. *Paris, Douceur*, 1609, in-4°.

> Ouvrage très rare, qui a eu une autre édition en 1629.

614. **Ordonnances**, advertissement et instructions aux recteurs et autres ecclésiastiques du diocèse de Pamiers publiés ès sy-nodes diocésains tenus en années 1629, 1630. *Tolose, R. Co-lomiez*, 1630.

> Épiscopat de Mgr Henri de Sponde.

615. **Ordonnances** de Monseigneur l'illustrissime et révéren-dissime Hercule de Lévy-Ventadour, par la grâce de Dieu et du Saint-Siège apostolique, évesque de Mirepoix, pour son diocèse. *Tolose, Boude, imprimeur*, 1633, in-12.

616. **Ordonnances** synodales de Monseigneur l'évêque de Cou-zerans pour être observées dans son diocèse. *A Tolose de l'imprimerie de la veuve Ar. Colomiez, imprimeur ordinaire du roy et du clergé*, 1673, in-12 de 150 pages

617. **Ordonnances** synodales pour le diocèse de Pamiers, faites ou renouvelées et publiées dans le synode le 9 et le 10 de novembre 1672, par Monseigneur l'Illustrissime et Révéren-dissime évêque et conseigneur de Pamiers (Mgr. de Caulet). *A Toulouse, par Raymond Bosc, imprimeur ordinaire du roy*, M. DC. LXXIII.

618. **Ordonnances synodales**, imprimées par ordre de Mgr l'illustrissime et révérendissime messire Jean-Baptiste de Verthamon, évêque et seigneur de Pamiers. *A Toulouse, chez la veuve de J.-J. Boude, imprimeur de Mgr l'Evêque et des Estats de Foix*. MDCCII, in-12.

619. **Ossian** (Dr Henri). Analyse chimique de la source minérale d'Ussat (rive gauche), propriété Pélissier. *Carcassonne, Labau*, 1865, in-8°.

620. **Ourgaud** (D^r). Précis sur les eaux thermo-minérales à base de chaux, de soude et de magnésie d'Ussat-les-Bains (Ariège) et rapport sur la saison thermale de 1859, avec plans et notes historiques. *Paris, Germer-Baillière*, 1859, in-8°.

621. **Ourgaud** (D^r). Etablissement d'un vaporium aux thermes d'Ussat-les-Bains (Ariège). *Pamiers, Vergé*, 1859, in-8° de 8 pages.

622. **Ourgaud** (D^r). Notice historique sur la ville et le pays de Pamiers, ancien royaume de Frédélas. *Pamiers, Vergé*, 1865, in-8°, avec planches.

P

623. **Pagès** (de l'Ariège). Voir *Galien Arnoult*.

624. **Palu** (Pierre de la). Sermones Thesauri novi. *Strasbourg, Martin Flach*, 1493, in-folio de 356 pages.

> Pierre de la Palu était évêque du Couserans. Il est mort à Paris le 31 janvier 1342. L'ouvrage contenant ses œuvres posthumes est un livre des plus rares.

625. **Pamiers**. Requête au Roy par les officiers du sénéchal et présidial de la ville, contre le sieur A. Viollet, lieutenant criminel, qui s'attribue la qualité de *lieutenant général* et les droits qui en découlent. S. l. n d., in-folio de 16 pages.

626. **Pamiers**. Voir Ourgaud, *Notice historique sur Pamiers*; de Lahondès, *Annales de Pamiers; Notes sur les débuts de la Révolution à Pamiers; Pétition de la commune de Pamiers; La prise de la ville de Pamiers*.

627. **Pardaillan** (Oraison funèbre de haut et puissant seigneur messire Henry-Joseph de Ségur), gouverneur et lieutenant général pour le Roi et sénéchal du Comté de Foix, lieutenant général de Champagne et Brie, prononcée aux Etats de Foix dans l'église du chapitre abbatial de Foix, le 12 décembre 1737 par le P. Barry, de la Compagnie de Jésus. *Toulouse*, 1738, petit in-4°.

628. **Pasquier** (F.) Leudaire de Saverdun (Ariège). Texte inédit en langue romane de 1327, avec le glossaire des mots employés dans le texte. *Montpellier*, 1880, in-8° de 12 pages.

> Extrait de la *Revue des Langues Romanes*.

629. **Pasquier** (F.) Coutumes de Saint-Bauzeil (Ariège). Texte inédit de 1281, publié avec préface et notes. *Paris, Larose et Forcel*, 1881, in-8° de 40 pages.

 Extrait de la *Revue du Droit Français.*

630. **Pasquier** (F.) Monuments historiques de l'Ariège. *Foix, Pomiès,* 1881, in-8° de 12 pages.

 Extrait de l'*Annuaire de l'Ariège* 1881.

631. **Pasquier** (F.) Ratification par Madeleine, princesse de Viane, d'une vente faite par les religieuses des Salenques d'un territoire situé dans la Barguillère, près Foix (1er mars 1484). Texte inédit en langue romane, publié avec une préface. *Montpellier, Hamelin frères,* 1882, in-8° de 8 pages.

 Extrait de la *Revue des Langues Romanes.*

632. **Pasquier** (F.) Cantique patois en l'honneur de saint Pierre, composé à Massat au xviiie siècle. Texte inédit avec une préface. *Foix, Pomiès,* 1882, in-12 de 4 pages.

 Extrait de la *Semaine Catholique du diocèse de Pamiers.*

633. **Pasquier** (F.) Requête des consuls et habitants de Varilhes à Henri d'Albret, comte de Foix, roi de Navarre, pour obtenir justice d'une agression. Texte inédit en langue romane de 1535. *Foix, Barthe,* 1882, in-8° de 12 pages.

 Extrait du *Bulletin de la Société Ariégeoise des sciences, lettres et arts.*

634. **Pasquier** (F.) Demande en réduction d'impôts, présentée par les habitants de la baronnie de Château-Verdun sous Louis XIV, texte avec une préface. *Foix, Barthe,* 1882.

 Extrait du *Bulletin de la Société Ariégeoise des sciences, lettres et arts.*

635. **Pasquier** (F.) Documents inédits concernant la Bastide-de-Sérou (Ariège). xviie-xviiie siècles. *Foix, Pomiès,* 1882, in-8° de 24 pages.

636. **Pasquier** (F.) Nomenclature des chartes de coutumes de l'Ariège, du xiiie au xvie siècles. *Foix, Pomiès,* 1882, in-8°.

 Extrait de l'*Annuaire de l'Ariège,* 1882.

637. **Pasquier** (F.) Musée départemental de l'Ariège. *Foix, Barthe,* 1882, in-12 de 32 pages.

638. **Pasquier** (F.) Découverte de médailles romaines dans une grotte de Massat. *Foix, Barthe*, 1882, in-8° de 4 pages.

Extrait du *Bulletin de la Société Ariégeoise des sciences, lettres et arts.*

639. **Pasquier** (F.) Agrandissement d'une église rurale dans le Comté de Foix au quatorzième siècle (chartes de 1301-1309 relatives à Miglos). *Toulouse, Chauvin*, 1883, in-12.

Extrait du *Bulletin de la Société archéologique du Midi de la France.*

640. **Pasquier** (F.) Explorations archéologiques de M. l'abbé Cau-Durban dans le Castillonnais (Ariège). *Foix, Barthe*, 1883, in-8° de 8 pages.

Extrait du *Bulletin de la Société Ariégeoise des sciences, lettres et arts.*

641. **Pasquier** (F.) Nomenclature des dolmens de l'Ariège. Lettre à M. le Président de la Commission de géographie historique. *Foix*, 1883, in-8°.

Extrait du *Bulletin de la Société Ariégeoise des sciences, lettres et arts.*

642. **Pasquier** (F.) Inventaire des richesses d'art de la France ; nomenclature du département de l'Ariège. *Foix, Pomiès*, 1883, in-8°.

Extrait du *Bulletin de la Société Ariégeoise des sciences, lettres et arts.*

643. **Pasquier** (F.) Exposition géologique de Foix en septembre 1882 : I. Nomenclature des fossiles exposés ; II. Renseignements divers. *Foix, Barthe*, 1883, in-8 de 21 pages.

Extrait du *Bulletin de la Société Ariégeoise des sciences, lettres et arts.*

644. **Pasquier** (F.) Un joyau des comtes de Foix au xve siècle. Notice avec des pièces justificatives. *Foix, Pomiès*, 1884, in-8° de 44 pages.

Extrait du *Bulletin de la Société Ariégeoise des sciences, lettres et arts.*

645. **Pasquier** (F.) Le poète jasmin dans l'Ariège en janvier 1854 : Compte rendu de son excursion dans le département ; vers inédits du poète ; ode patoise en son honneur. *Foix, Pomiès*, 1884, in-8° de 8 pages.

Extrait du *Bulletin de la Société Ariégeoise des sciences, lettres et arts.*

646. **Pasquier** (F.) Las neits de Toulouso, conte patois publié avec préface et notes. *Foix, Pomiès*, 1884, in-8° de 10 pages.

> Extrait du *Bulletin de la Société Ariégeoise des sciences, lettres et arts.*

647. **Pasquier** (F.) Construction d'un rétable dans l'église de Vic-de-Sérou en 1680. Notice avec pièces justificatives. *Foix, Pomiès*, 1884, in-8° de 10 pages.

> Extrait du *Bulletin de la Société Ariégeoise des sciences, lettres et arts.*

648. **Pasquier** (F.) Sépultures Gallo-Romaines dans la grotte supérieure de Massat (Ariège). Fouilles d'octobre 1884. *Foix, Gadrat aîné*, 1885, in-8° de 4 pages.

> Extrait du *Bulletin de la Société Ariégeoise des sciences, lettres et arts.*

649. **Pasquier** (F). Renseignements historiques tirés des anciens registres de l'état civil de l'Ariège, 1re et 2e partie. *Foix, Gadrat aîné*, 1885, in-8° de 16 pages.

> Extrait du *Bulletin de la Société Ariégeoise des sciences, lettres et arts.*

650. **Pasquier** (F.) Prône patois du xvie siècle et exhortation patoise pour le mariage ; textes publiés avec des notes. *Foix, Gadrat aîné*, 1885, in-8° de 12 pages.

> Extrait du *Bulletin de la Société Ariégeoise des sciences, lettres et arts.*

651. **Pasquier** (F.) Le sarcophage chrétien du Mas-Saint-Antonin ; description de ce monument, tirée de l'ouvrage de M. Edmond Leblant (héliogravure). *Foix, Pomiès*, 1886, in-8° de 4 pages.

> Extrait du *Bulletin de la Société Ariégeoise des sciences, lettres et arts.*

652. **Pasquier** (F.) Congrès international d'hydrologie et de climatologie de Biarritz, en 1886. Compte rendu de la conférence du docteur Garrigou, Foix, le 28 mars 1886. *Foix, Pomiès*, 1886, in-12 de 12 pages.

653. **Pasquier.** Le château d'Usson en 1722, d'après un inventaire. *Foix, Pomiès*, 1886, in-8° de 12 pages.

> Extrait du *Bulletin de la Société Ariégeoise des sciences, lettres et arts.*

654. **Pasquier** (F.) Situation de la ville de Saint-Girons au commencement du règne de Louis XV, d'après l'exposé fait à l'intendant de la province. *Foix*, *Pomiès*, 1886, in-8º de 6 pages.

Extrait du *Bulletin de la Société Ariégeoise des sciences, lettres et arts*.

655. **Pasquier.** Congrès des félibres d'Aquitaine en mai 1886 à Foix. Rapport présenté sur le concours de littérature et de philologie romanes. *Foix*, *Pomiès*, 1886, in-8º de 12 pages.

Extrait du *Livre d'or du Congrès des Félibres*, publié par M. Lafont de Sentenac.

656. **Pasquier** (F.) **et Dr Bordes-Pagès.** Réformation forestière à Seix en 1667 (La). *Foix*, *Pomiès*, 1887, in-8º de 12 pages.

Extrait du *Bulletin de la Société Ariégeoise des sciences, lettres et arts*.

657. **Pasquier** (F.) Un épisode de la guerre entre Mathieu, comte de Foix, et Martin, roi d'Aragon. *Foix*, *Pomiès*, 1887, in-8º de 4 pages avec préface.

Extrait du *Bulletin de la Société Ariégeoise des sciences, lettres et arts*.

658. **Pasquier** (F.) Les coutumes d'Ornolac en 1415, d'après une charte romane, suivies d'une étude sur les droits féodaux du moulin d'Ornolac en 1272. *Foix*, *Pomiès*, 1887, in-8º.

Extrait du *Bulletin de la Société Ariégeoise des sciences, lettres et arts*.

659. **Pasquier** (F.) Episodes de la vie municipale à Foix sous Gaston Phœbus, étude avec pièces justificatives latines et romanes. *Foix*, *Gadrat aîné*, 1888, in-8º de 24 pages.

Extrait du *Bulletin de la Société Ariégeoise des sciences, lettres et arts*.

660. **Pasquier** (F.) Coutumes de la ville d'Ax-sur-Ariège (1241-1391-1672). Etude et notes avec des textes romans, latins et français. *Foix*, *Pomiès*, 1888, in-8º de 52 pages.

Extrait du *Bulletin de la Société Ariégeoise des sciences, lettres et arts*.

661. **Pasquier** (F.) Massat, chansons, danse, usages et charte communale, d'après la monographie de M. Ruffié, instituteur, avec préface et notes. *Foix*, *Gadrat aîné*, 1889, in-8º de 32 pages.

Extrait du *Bulletin de la Société Ariégeoise des sciences, lettres et arts*.

662. **Pasquier** (F.) OEuvres patoises du poète fuxéen Tribolet (1768-1844), précédées d'une étude sur la vie et les poésies de cet auteur. *(OEuvres choisies.) Foix, Pomiès*, 1889, in-8° de 40 pages.

> Extrait du *Bulletin de la Société Ariégeoise des sciences, lettres et arts*.

663. **Pasquier** (F.) Etat civil ; délibérations municipales et livres terriers, antérieurs à 1792, existant dans les archives communales et départementales de l'Ariège. Etat sommaire avec préface. *Foix, Pomiès*, 1890, in-8° de 32 pages.

> Notice extraite de l'*Annuaire de l'Ariège* de 1890.

664. **Pasquier** (F.) Donation du fief de Pailhès en 1256 et documents concernant les seigneurs de cette baronnie au XVIe siècle. Textes inédits avec sommaires et notes. *Foix, Pomiès*, 1890, in-8° de 32 pages.

> La seconde partie de cette notice a été extraite du *Bulletin de la Société Ariégeoise des sciences, lettres et arts*.

665. **Pasquier** (F.) OEuvres du poète patois Rémy Matossi (première partie du XIXe siècle), rééditées avec une notice sur l'auteur. *Foix, Gadrat aîné*, 1890, in-8° de 22 pages.

> Extrait du *Bulletin de la Société Ariégeoise des sciences, lettres et arts*.

666. **Pasquier** (F.) Mémoire contenant les doléances, remontrances et réclamations du pays souverain de Donezan, à l'occasion des Etats-Généraux de 1789. Document réédité avec préface et notes. *Foix, Gadrat*, 1890, in-8° de 24 pages.

> Extrait du *Bulletin de la Société Ariégeoise des sciences, lettres et arts*.

667. **Pasquier** (F.) Renseignements historiques tirés des anciens registres de l'Etat civil de l'Ariège (3e série). *Foix, Gadrat*, 1890, in-8° de 16 pages.

668. **Pasquier** (F.) Rapport du général Chaussey, commandant la force armée de l'Ariège, sur les opérations militaires de cette troupe pendant l'insurrection royaliste de l'an VII. *Foix, Pomiès*, 1890, in-8° de 8 pages.

> Extrait du *Bulletin de la Société Ariégeoise des sciences, lettres et arts*.

669. **Pasquier** (F.) Coutumes de Maranges en Catalogne (1184-1250-1335), concédées par le vicomte de Castelbon, le comte de Foix et le roi d'Aragon. Texte latin publié avec avant-propos et notes. *Foix, Gadrat aîné*, 1890, in-8° de 20 pages.

> Extrait du *Bulletin de la Société Ariégeoise des sciences, lettres et arts.*

670. **Pasquier** (F.) Prohibition de vin étranger à Foix au xv° siècle. Ordonnance du comte Jean Ier (21 octobre 1430). Texte en dialecte béarnais, publié avec une introduction. *Foix, Gadrat anié*, 1890, in-8° de 4 pages.

> Extrait du *Bulletin de la Société Ariégeoise des sciences, lettres et arts.*

671. **Pasquier** (F.) Constitution de fiefs par le comte de Foix Roger-Bernard III en 1267 et 1284. Textes latins avec avant-propos et notes. *Foix, Gadrat*, 1890, in-8° de 12 pages.

> Extrait du *Bulletin de la Société Ariégeoise des sciences, lettres et arts.*

672. **Pasquier** (F.) Contrat de mariage entre Bernard Amiel de Pailhès, et Gauzion, fille de Roger d'Espielh (23 novembre 1227), publié avec avant-propos et notes. *Foix, Gadrat*, 1890, in-8° de 8 pages.

> Extrait du *Bulletin de la Société Ariégeoise des sciences, lettres et arts.*

673. **Pasquier** (F.) Un épisode du carnaval à Bélesta en 1753. *Foix, Gadrat*, 1890, in-8° de 8 pages.

> Extrait du *Bulletin de la Société Ariégeoise des sciences, lettres et arts.*

674. **Pasquier** (F.) Coutumes municipales de Foix sous Gaston Phœbus, d'après le texte roman de 1387 et accompagnées de pièces justificatives. *Toulouse, Privat*, 1891, in-8° de 48 pages.

> Mémoire lu au Congrès de l'association pyrénéenne, à Narbonne, en mai 1890.
> La première partie est extraite de la *Revue des Pyrénées.*

675. **Pasquier** (F.) OEuvres patoises du poète fuxéen J.-F. Tribolet (1768-1844). Edition nouvelle, revue, augmentée et accompagnée d'une préface de sommaires et de notes. *Foix, Gadrat aîné*, 1891, in-8°.

676. **Pasquier** (F.) Rapport sur le concours de 1891, ouvert par la *Société Ariégeoise des sciences, lettres et arts*. *Foix, Pomiès,* 1892, in-8' de 28 pages.

> Extrait du *Bulletin de la Société Ariégeoise des sciences, lettres et arts.*

677. **Pasquier** (F.) Renseignements tirés des anciens registres de l'état civil de l'Ariège (4e série). *Foix, Pomiès,* 1892, in-8° de 4 pages.

> Extrait du *Bulletin de la Société Ariégeoise des sciences, lettres et et arts.*

678. **Pasquier** (F.) Gaston Phœbus en Prusse (1357-1358). Etude d'après des documents inédits. *Foix, Gadrat,* 1893, 12 pages.

> Extrait du *Bulletin de la Société Ariégeoise des sciences, lettres et arts.*

679. **Pasquier** (F.) Texte roman des coutumes municipales de Seix en Couserans, confirmées par Philippe-le-Hardi, et reconnaissance des privilèges de cette ville par Henri II en 1547. Documents inédits. *Foix, Pomiès,* 1893, in-8° de 12 pages.

> Extrait du *Bulletin de la Société Ariégeoise des sciences, lettres et arts.*

680. **Pasquier** (F.) Cahier des plaintes et doléances de la commune de Bonnac-sur-Ariège pour les Etats généraux de 1789. Nomination des délégués de la commune. *Foix, Pomiès,* 1893, in-8° de 4 pages.

> Extrait du *Bulletin de la Société Ariégeoise des sciences, lettres et arts.*

681. **Pasquier** (F.) La détresse de l'Abbaye des Salenques au Comté de Foix en 1483. *Foix, Pomiès,* 1894, in-4° de 28 pages.

682. **Pasquier** (F.) Notes sur divers monuments de l'Ariège. Communications faites à la *Société archéologique du Midi de la France* dans la séance du 18 décembre 1894. *Toulouse, imprimerie Chauvin,* 1895, in-8° de 12 pages.

> Extrait du *Bulletin de la Société Ariégeoise des sciences, lettres et arts.*

683. **Pasquier** (F.) Documents sur la période révolutionnaire dans l'Ariège. Cahiers communaux de vœux et doléances pour les Etats généraux de 1789. *Foix, Gadrat aîné,* 1895, in-8° de 72 pages.

> Extrait du journal *l'Avenir.*

684. **Pasquier** (F.) Rapport à M. le Préfet sur les archives départementales de l'Ariège (1894-1895). *Foix, Pomiès*, 1895, in-8° de 21 pages.

685. **Pasquier** (F.) Rapports entre ouvriers et patrons dans la vallée de Vicdessos en 1727, d'après des documents inédits. *Foix, Pomiès*, 1896, in-8° de 8 pages.

> Extrait du *Bulletin de la Société Ariégeoise des sciences, lettres et arts*.

686. **Pasquier** (F.) Privilèges et libertés des trois Etats du Comté de Foix à la fin du xive et au commencement du xve siècle, d'après des documents inédits. *Paris, Imprimerie Nationale*, 1896, in-8° de 10 pages.

> Extrait du *Bulletin historique et philologique du min·stère de l'instruction publique*.

687. **Pasquier** (F.) Coutumes du Fossat dans le Comté de Foix, d'après une charte de 1274. Texte latin roman (avec fac-similé). Conflit en 1340 entre les coseigneurs et les habitants du Fossat pour le paiement de l'impôt. *Toulouse, Privat*, 1897, in-8° de 84 pages.

> Extrait des *Annales du Midi*.

688. **Pasquier** (F.) Nomination d'un notaire à Artigat en 1578 par l'infante Marie de Portugal, usufruitière de la jugerie de Rieux. *Foix, Gadrat aîné*, 1897, in-8° de 7 pages.

> Extrait du *Bulletin de la Société Ariégeoise des sciences, lettres et arts*.

689. **Pasquier** (F.) *Société archéologique du Midi de la France.* Rapport général sur le concours de 1897. (Notice sur divers travaux relatifs à l'Ariège.) *Toulouse, Chauvin*, 1897, in-8° de 12 pages.

690. **Pasquier** (F.) Voir *Archives, inventaire sommaire; Bibliothèque de Foix;* Castet, *proverbes patois;* Courtault, *Chroniques romanes des comtes de Foix;* Cau-Durban, *Une ancienne confrérie; Mémorial historique de Delescazes; Tableu de la bido del parfait chrestia.*

691. **Pauly** (Dr Charles). Les Thermes d'Ussat dans le département de l'Ariège. *Pamiers*, 1894, in-12.

692. **Pecout** (abbé). Vie de Jean-Marie Dulau, archevêque d'Arles. *Périgueux, Cassand*, 1892, brochure de 150 pages.

> L'auteur nous apprend que Mgr Dulau avait été chanoine de Pamiers.

693. **Peirouse** (de la), baron de Bazus. Traité sur les mines de fer et les forges du Comté de Foix. *Toulouse, Desclassan,* 1786, in-8°, 6 planches.

694. **Peirouse** (baron de la). Fragments de la minéralogie des Pyrénées. Excursion dans une partie du Comté de Foix, 1788, in-8°.

> Extrait des *Mémoires de l'Académie des sciences, inscriptions et belles-lettres de Toulouse.*

695. **Pelletier.** Essai d'une galène ou sulfure de plomb, de Castelnau-Durban, district de Saint-Girons, provenant d'une mine anciennement exploitée. An III, 4 pages.

> Extrait du *Journal des Mines.*

696. **Perret** (Paul). Le Pays de Foix. *Paris, Oudin,* 1884, in-8°, avec gravures.

> Cet ouvrage fait partie d'une belle publication en 4 volumes, intitulée : *les Pyrénées françaises.* Ces 4 volumes sont absolument indépendants les uns des autres.

697. **Pétition** de la commune de Pamiers au Conseil des Cinq Cents pour demander la translation du chef-lieu du département à Pamiers. An V. S. l. n. d., in-8° de 8 pages.

698. **Pétition** présentée à M. le Préfet de l'Ariège, membre de la Légion d'honneur, par les propriétaires et fermiers soussignés, des forges à fer de ce département, contenant les motifs de leur opposition à la demande du sieur Tournié l'aîné et Cie, tendant à obtenir la concession des mines de fer de Rancié, situées dans le territoire de la commune de Sem, arrondissement, de Foix, département de l'Ariège. Brochure imprimée sans lieu ni date (1er Empire) et contenant 16 pages in-4°.

> Il est question dans ce document d'antiques traditions et des coutumes locales, qui constituent la matière d'un règlement pour le mode d'exploitation des mines de fer de Rancié. Les pétitionnaires, en parlant de ces mines, disent que ce « précieux monument de l'industrie humaine est incontestablement un des plus anciens, de ceux, de même nature, qui concourent à la prospérité de l'Empire français ».

699. **Peyrat** (Napoléon) L'Arise. Romancéro religieux, héroïque et pastoral. *Paris, Meyrueis,* 1863, in-12.

700. **Peyrat** (Napoléon). La grotte d'Azil, précédée d'une notice sur Siméon Pécontal. *Paris, Grassart,* 1874, in-12.

701. **Peyrat** (Mme). Napoléon Peyrat, né aux Bordes-sur-Arize. *Paris*, 1881, in-8° de 31 pages.

702. **Pezet** (abbé). Voir *Histoire du pays de Foix*.

703. **Piette** (E.) Vestiges de la période de transition dans la grotte du Mas-d'Azil. *Paris*, 1895.

704. **Pilhes** (D^r). Traité analytique et pratique des eaux thermales d'Ax et d'Ussat, avec la description des bains, des douches et des fontaines et la meilleure manière de les employer dans les différentes maladies. *Pamiers, chez André Larroire, imprimeur des États de Foix*, 1787, in-8°.

> L'impression de cet ouvrage fut ordonnée par les Etats de Foix (séance du 18 décembre 1786).

705. **Placement** (Du) de l'école centrale dans le département de l'Ariège. *Paris, Pain*, s. d., in-8°.

> Plaidoyer en faveur de la ville de Saint-Girons.

706. **Planque.** Observations sur la fontaine de Fontestorbe, accompagnées de l'explication de tout ce qu'elle a de remarquable. *Toulouse, de l'imprimerie de Robert*, 1731, in-4° de 20 pages.

> Extrait des registres de la *Société des sciences de Toulouse*.

707. **Poids et mesures** du département de l'Ariège. Historique et exposition du nouveau système métrique, suivi de tables de conversion en nouveau poids et mesures métriques. *Foix, Pomiès frères*, 1840, in-8° de 52 pages.

708. **Pontchevron** (de). Mlle de Foix et sa correspondance. *Paris*, 1867, in-12.

> Née en 1618, Mlle Suzanne-Henriette de Foix mourut en 1706. (Voir *Foix-Candalle*.)

709. **Pouech** (abbé). Mémoire sur les terrains tertiaires de l'Ariège. *Paris*, 1859, in-8°.

> Extrait du *Bulletin de la Société géologique de France*.

710. **Pouech** (abbé). Sur la grotte ossifère de l'Herm (Ariège). *Paris*, 1862, in-8°.

> Extrait du *Bulletin de la Société géologique de France*.

711. **Pouech** (abbé). Sur les soulèvements de l'Ariège. *Paris*, 1864, in-8°.

> Extrait du *Bulletin de la Société géologique de France*.

712. **Pouech** (abbé). Sur l'altitude qu'atteignent les dépôts miocènes du bassin sous-pyrénéen dans le département de l'Ariège. *Paris*, 1864, in-8°.

    Extrait du *Bulletin de la Société géologique de France.*

713. **Pouech** (abbé). Note concernant une assise calcaire, présumée lacustre, observée dans l'Ariège à la partie inférieure de l'éocène pyrénéen. *Paris*, 1864, in-8°.

    Extrait du *Bulletin de la Société géologique de France.*

714. **Pouech** (abbé). Note sur les pondingues tertiaires, dits de Palasson, dans le département de l'Ariège. *Paris*, 1869, in-8°.

    Extrait du *Bulletin de la Société géologique de France.*

715. **Pouech** (abbé). Note au sujet des restes d'un éléphant fossile découverts à Pamiers. *Paris*, 1873, in-8°.

    Extrait du *Bulletin de la Société géologique de France.*

716. **Pouech** (abbé). Sur un ossement fossile supposé appartenir à un mammifère trouvé dans les grès crétacés du Mas-d'Azil (Ariège). *Paris,* 1880, in-8°.

    Extrait du *Bulletin de la Société géologique de France.*

717. **Pouech** (abbé). Mémoire sur un fragment de mâchoire d'un grand Saurien fossile, de la famille des ichthyosaures, trouvé à Bédeille, canton de Sainte-Croix (Ariège). *Paris*, 1881, in-8° de 24 pages avec 4 planches.

    Extrait du *Bulletin de la Société géologique de France.*

718. **Pouech** (abbé). Note sur le massif calcaire de Tarascon-Ussat, avec planche. *Paris*, 1882, in-8° de 14 pages.

    Extrait du *Bulletin de la Société géologique de France.*

719. **Pouech** (abbé). Hommage à saint Antonin. Sa vie, d'après des traditions antiques, en particulier, d'après l'ancienne légende du bréviaire de Pamiers. *Pamiers*, 1883, in-8° de 16 pages.

720. **Pouech** (abbé). Groupe de dolmens et demi-dolmens des environs du Mas-d'Azil (Ariège), 32 pages et 2 planches.

    Le chanoine Pouech a laissé des manuscrits précieux que l'on se propose de faire imprimer. Il s'agit des travaux les plus remarquables de ce savant ariégeois.

721. **Pourret** (abbé). Catalogue de 290 espèces phanérogames des régions alpine et sous-alpine, recueillies dans le Llaurenti. 1781.

Le massif du Llaurenti (ancien Donezan) n'est autre que le canton de Quérigut. L'auteur du catalogue a poursuivi pendant 5 ans l'exploration de ce massif ; son travail n'a pas été imprimé séparément, mais il figure dans une publication de M. Timbal-Lagrave, intitulée *Reliquiæ Pourretianæ* (1874).

722. **Poux** (Joseph). Notice sur les châteaux de Léran et de Lagarde (Ariège). *Toulouse, imprimerie Lagarde et Sébille*, 1898, in-8° de 12 pages.

Extrait du *Bulletin de la Société de géographie de Toulouse*.

723. **Poux** (Joseph). L'incendie de la Préfecture à Foix (nuit du 5 au 6 brumaire an XII). *Foix, Gadrat*, 1899, in-12 de 30 pages.

Extrait du Journal l'*Avenir*.

724. **Poux** (Joseph). Voir Roger et Poux. *Note sur un sarcophage romain*.

725. **Précis** pour les bientenans de la section de Montlaur, commune de l'Herm, canton de Foix. Chez *J. Pomiès, imprimeur à Foix*, 1817, in-4° de 16 pages.

Document concernant les Luppé, les Darjac et les Dupuy.

726. **Prise de la Ville de Pamiers** (La), capitale du païs de Foix, des nommé Beaufort, lieutenant general des armées du duc de Rohan, et d'Auros gouverneur de Mazeres. *Ensemble la desroute de toutes les troupes dudict pays*. Avec les articles accordéz aux capitaines, soldats et habitans de Pamiers. *Plus le nombre des prisonniers, et de ceux qui ont esté penduz, et menez aux galeres*. Et le restablissement de la saincte messe, en ladite ville. *Par Monseigneur le **Prince**, lieutenant general pour le roy en ses armées de Languedoc, Guyenne et Dauphiné. A Paris, de l'imprimerie de Jean Barbote, en l'Isle du palais, ruë de Harlay, à la fleur de lys couronnée.* M.DC.XXVIII. *Avec permission.*

Cette petite plaquette in-18 de 16 pages, devenue rare, a été publiée en variétés dans le journal : Le *Démocrate de l'Ariège*. L'abbé de Lescazes, dans son *Mémorial des troubles advenus au pays de Foix*, a cité des passages entiers dans son récit, sans indiquer la provenance de ses informations. Une nouvelle édition a été publiée en 1895, par la Maison Pomiès, à Foix.

727. Procès-verbal de l'Assemblée nationale relatif aux dames citoyennes du Mas-d'Azil (Ariège), formées en légion sous le drapeau de l'union, en uniformes, etc., 1790, in-8°.

728. Procès-verbal de la fête civique célébrée à Foix, le 1er jour complémentaire de l'an V, à l'occasion de la révolution du 18 fructidor dernier. *Foix, Fontes et Pomiès aîné*, an V, in-8° de 8 pages.

729. Procès-verbal des séances de l'assemblée des Etats de la province de Foix.

> Imprimés à Toulouse et à Pamiers, ces cahiers se composent de 100 volumes environ, dans le format in-4°. La collection complète est fort rare.

730. Procès-verbal de l'assemblée administrative du département de l'Ariège (9-13 juillet 1890). *Toulouse*, 1790, in-4° de 14 pages.

> Les Conseils généraux de département ont été créés par la loi du 22 décembre 1789, sanctionnée par le roi le 8 janvier 1790. Par décret du 4 frimaire an II (4 décembre 1793), les Conseils généraux furent supprimés et leurs pouvoirs attribués aux Directoires. Le gouvernement consulaire les rétablit en l'an VIII seulement (1798).
>
> On ne connaît pour l'Ariège que trois cahiers de procès-verbaux : le premier, relatif à la session préliminaire de juillet 1790, imprimé à Toulouse , et deux autres concernant les sessions de 1790 et 1791, imprimés à Foix.

731. Procès-verbal de partage du communal appelé la Boulbone, fait sur le bon plaisir de l'auguste assemblée nationale par les habitants de la commune de Pamiers, ensemble l'analyse d'une partie des titres qui prouvent la propriété et la possession constante de ce communal en faveur des habitants de Pamiers ; la délibération du 30 mai dernier prise en assemblée générale de citoyens et un récit instructif. Des 1er et 2 juin 1890. *A Pamiers, chez André Larroire, imprimeur du Roi*, 1790, in-12.

732. Proclamation du Roi contre un arrêt du Parlement de Toulouse sur la nomination des consuls de la ville de Mirepoix. *De l'Imprimerie Royale*, 1790.

> Décret du 1er juin 1790, loi du 3 juin 1790.

733. Pujol (D[r]). Eaux thermales d'Ax. Création d'un hôpital militaire. *Foix, Francal*, 1886, in-12 de 12 pages.

> Ce mémoire est le résumé de plusieurs rapports manuscrits adressés par l'auteur au Conseil général de l'Ariège pour aboutir à la création d'un hôpital militaire thermal à Ax.

734. Pujol (Dr E.) Esquisses d'hydrologie clinique sur quelques maladies traitées à Ussat-les-Bains (Ariège). *Foix, Pomiès,* 1899, in-8° de 40 pages.

Q

735. Questions ariégeoises. Etude préliminaire sur le choix du point de passage du chemin de fer international à travers les Pyrénées-Centrales. *Foix, Pomiès,* 1876, in-8° de 32 pages.

> Ce travail, attribué à M. Azéma, a été extrait du journal *l'Ariégeois*.

R

736. Rames, Garrigou et Filhol. L'homme fossile des cavernes de Lombrive et de l'Herm (Ariège). *Toulouse, Delboy,* 1862, in-8°.

737. Rames, Garrigou et Filhol. Réponse à la note de M. Pouech sur la grotte ossifère de l'Herm. *Paris,* 1863, in-8°.

> Extrait du *Bulletin de la Société géologique de France*.

738. Rapport fait au Corps législatif par M. Marbot sur l'établissement d'une forge dans le département de l'Ariège. *Paris, Imprimerie Nationale,* pluviôse an VI.

> Le rapport de M. Marbot, représentant du peuple, conclut à l'adoption de la demande formée par le citoyen Ruffié, à l'effet d'être autorisé à établir une forge aux environs de Foix.

739. Rapport présenté aux Conseils municipaux de l'Ariège et de l'Aude sur la situation actuelle des lignes en projet de Pamiers à Bram, par Mirepoix, avec embranchement sur Lavelanet à Bélesta et de Saint-Girons à Foix. *Paris,* 1877, in-4° de 24 pages.

740. Raymond (Paul). Rôles de l'armée de Gaston Phœbus, comte de Foix et seigneur de Béarn (1376-1378). *Bordeaux, Gounouilhou,* 1872, in-4° de 184 pages.

> Ouvrage précieux pour l'histoire du Comté de Foix, publié d'après un manuscrit inédit.

741. **Reconnaissance** de la châtellenie de Roquefixade (Comté de Foix). *Foix, Pomiès,* 1883, in-8° de 16 pages sur papier fil.

> M. Emile Darnaud a fait imprimer cette brochure à six exemplaires, dont deux pour les collections nationales. Les quatre autres exemplaires ont été offerts en hommage avec la dédicace suivante sur chacun d'eux : Quatre exemplaires : un pour Roquefixade ; un pour M. Duclos, le généreux auteur de l'*Histoire des Ariégeois ;* un pour M. Pasquier, l'infatigable archiviste ; un enfin pour M. Lafont de Sentenac, l'aimable collectionneur de tous les ouvrages qui ont trait à l'Ariège et aux Ariégeois.
> Souvenir amical.
>
> *Le Maire de Roquefixade,*
>
> Emile Darnaud.

742. **Recueil** d'hymnes et chansons patriotiques, dédié aux vrais amis de la liberté du peuple, par un sans-culotte de la Société populaire de Foix. *A Foix, de l'imprimerie du citoyen Fontes,* l'an IIe de la République française, une et indivisible.

743. **Recueil** de règlements et délibérations des Estats généraux du pays de Foix. *Toulouse, par Jean Pech, imprimeur ordinaire des Estats généraux de la province de Foix,* 1680, in-4° de 36 pages. (Voir n° 748.)

744. **Recueil** de diverses pièces et lettres concernant la Régale et le diocèse de Pamiers. *A Cologne, chez Nicolas Schouten,* MDCLXXXI, in-12.

745. **Recueil de lettres** du Révérendissime P. dom B. Ruade, chartreux, evesque de Couserans, conseiller du roy, en ses conseils d'estat et privé, touchant sa promotion a son dit evesché. *Paris, chez Nicole Buon,* 1623, in-8° de 70 pages.

746. **Réflexions d'un citoyen** ou préservatif contre le *traité analytique et pratique des eaux d'Ax et d'Ussat,* présenté à Nosseigneurs des Etats de la province de Foix. *A Pamiers, chez André Larroire, imprimeur du roi et des états,* rue Major, 1787, in-4° de 200 pages.

> Cet ouvrage est attribué à M. de Fraxine, baron d'Ornolac, donateur des bains d'Ussat à l'hospice de Pamiers.

747. **Réfutation des libelles de Vadier** ou justification des citoyens du département de l'Ariège, accusés et traduits par lui au tribunal révolutionnaire, adressée au comité de sûreté général de la convention. S. l. n. d., in-8° de 89 pages.

748. **Règlemens** concernant les impositions de la province de
Foix, in-4°, novembre 1663.

> Ces règlements n'étaient pas périodiques, comme les procès-
> verbaux des séances. On les publiait quand ils subissaient des
> modifications ou qu'il était utile de les porter à la connaissance
> des intéressés.

749. **Règlement** concernant les grands chemins de la province
de Foix. *Pamiers, J.-P. Faye*, 1767, in-4° de 32 pages.

> Extrait du verbal des Etats de Foix.

750. **Règlement fait par le roi**, pour l'exécution de ses lettres de
convocation aux prochains États généraux, dans le Comté
de Foix. *De l'Imprimerie Royale*, 1789.

> Loi du 19 février 1789.

751. **Règlement général** de police de la ville de Pamiers en date
du 15 septembre 1835, sous l'administration de J.-J. Pujol,
maire. *Pamiers, Loze-Madière*, 1835, in-8°.

752. **Règlement de la mine de fer communale de Rancié** :
1° Loi fixant le régime de l'exploitation de la mine de Rancié
(15 février 1893) ; 2° Décret portant règlement d'administration publique sur le régime de l'exploitation de la mine de
Rancié (24 avril 1893) ; 3° Ordonnances (modifiées) instituant
la concession de Rancié au profit des huit communes de
l'ancienne vallée de Vicdessos (31 mai et 25 septembre 1833).
Foix, Pomiès, 1893, in-8° de 24 pages.

753. **Régnault** (Félix). Grotte du Mas-d'Azil (Ariège). *Toulouse*,
1877, in-8° de 8 pages, avec une planche.

> Extrait du *Bulletin de la Société d'histoire naturelle de Toulouse*.

754. **Régnault** (Félix). La grotte de Massat à l'époque du renne ;
la grotte de Gargos. *Toulouse, Durand, Fillous et Lagarde*,
1881, in-8°, avec une planche.

755. **Régnault** (Félix). Le Mont-Vallier (Ariège), avec aperçu
géologique, par M. J. Caralp. *Toulouse*, 1886, in-8° de
24 pages.

> Extrait du *Bulletin de la Société de géographie de Toulouse*.

756. **Régnault** (Félix). La grotte de Lombrives ou des échelles
(Ariège). *Toulouse, Adolphe Régnault*, 1888, in-8° de 16 pages.

757. **Régnault** (Félix). Grotte sépulcrale du Pré de Luc (Ariège).
Saint-Gaudens, Abadie, 1897, in-8° de 8 pages avec planches.

> La grotte du Pré de Luc est située entre Saint-Girons et
> Saint-Lizier.

758. **Relation** de ce qui s'est passé sur le différend entre Monseigneur l'Evêque de Pamiers et les Jésuites du collège de la même ville ce XII may MDCLXVIII. S. l. n. d., in-4° de 38 pages.

759. **Relation** de ce qui s'est passé durant la dernière maladie et à la mort de défunt messire François Etienne de Caulet, évêque de Pamiers. S. l. n. d , in-4° de 10 pages.

760. **Réplique** pour les consuls, syndic et communauté de la vallée de Massat contre Louise-Charlotte de Foix, comtesse de Sabran, légitime administreresse de Louis-Auguste-Elzéas comte de Sabran. S. l. n. d., in-4° de 32 pages.

761. **Réponse** à l'imprimé intitulé : Résomption pour les consuls, syndic et communauté d'Ercé contre les consuls et communauté d'Aulus. 1777, in-4° de 26 pages.

762. **Résomption** pour les consuls, syndic et communauté d'Ercé contre les consuls et communauté d'Aulus. 1777, in-4° de 20 pages.

763. **Résumé** pour MM. les Maires d'Esplas, Sentenac, Durban, Castelnau, Cert, intimés et incidemment appelants contre les héritiers Lafont de Sentenac et de Bellissen. *Toulouse, Bellegarrigue,* in-4°.

764. **Rhodes** (Charles). La question de l'église d'Artigat (Ariège). *Toulouse, Viguier,* 1866, in-12 de 62 pages.

765. **Richard** (T.) Etudes sur l'art d'extraire immédiatement le fer de ses minerais. *Paris,* 1838, in-8°.

   Il est longuement question, dans cet ouvrage, des mines et des forges de l'Ariège.

766. **Rivière** (Benjamin). La ville d'Ax, son consulat et sa châtellenie. *Foix, Pomiès,* 1868, in-8°.

767. **Roger** (Robert). Note sur un bas-relief découvert à la cathédrale de Pamiers. *Foix, Pomiès,* 1896, 8 pages.

   Extrait du. *Bulletin de la Société Ariégeoise des sciences, lettres et arts.*

768. **Roger** (Robert). Notice sur l'église d'Unjat. *Foix, Francal,* 1897, in-8° de 4 pages.

   Extrait de la *S-maine Catholique de Pamiers.*

769. **Roger** (Robert). Notice sur l'église et la paroisse d'Unac et sur leur annexe Luzenac. *Foix, Gadrat*, 1897, in-8° de 56 pages avec planches.

> Extrait du *Bulletin de la Société Ariégeoise des sciences, lettres et arts.*

770. **Roger** (Robert). Note sur l'église de Rabat et ses rétables. *Foix, Francal*, 1898, in-8° de 8 pages.

> Extrait de la *Semaine Catholique de Pamiers.*

771. **Roger et Poux.** Note sur un sarcophage romain découvert à Saint-Jean-de-Verges. *Foix , Gadrat ,* 1899 , in-8° de 12 pages avec 1 planche.

> Extrait du *Bul'etin de la Société Ariégeoise des sciences, lettres et arts.*

772. **Rôles** des chevaliers, sergents, ouvriers, chevaux, armes, etc., de l'armée rassemblée à Morlaas, par Gaston Phœbus, comte de Foix, in-4° de 184 pages. (Voir n° 740.)

773. **Roquefixade.** Voir *Reconnaissance de la châtellenie de Roquefixa'e.*

774. **Roquelaure** (abbé de). Histoire de la Haute-Vallée de l'Aude, d'après des documents authentiques inédits. *Carcassonne, J. Pares*, 1879, in-12.

> Précieux renseignements sur le Quérigut (ancien pays de Donnezan).

775. **Roschach** (Ernest). Foix et Comminges. Itinéraire des chemins de fer pyrénéens. Ligne de Toulouse à Montréjeau et de Toulouse à Foix. *Paris, Hachette et Cie*, 1862, in-12.

776. **Roubichou** (Philippe). Discours sur la demande de division du canton de Mirepoix. *Foix, Pomiès*, 1897, in-8° de 8 pages.

> Dans ce discours, prononcé à la séance du Conseil général du 18 août 1897, M. Roubichou combat la demande de création d'un nouveau canton ayant pour chef-lieu la commune de Laroque-d'Olmes.

777. **Rougerie** (Mgr). Bayle le sceptique et la tolérance à Pamiers en 1898. *Foix, Francal*, 1898, in-8° de 44 pages.

778. **Roussel** (Joseph). Note sur le crétacé supérieur et le tertiaire des départements de l'Ariège et de l'Aude. *Foix, Gadrat*, 1885, in-8° de 12 pages.

> Extrait du *Bulletin de la Société Ariégeoise des sciences, lettres et arts.*

779. **Roussel** (Joseph). Le dévonien et le carbonifère de Larbont et de Saint-Antoine (Ariège). *Foix, Gadrat,* 1885, in-12 de 20 pages, avec planches.

780. **Roussel** (Joseph). Sur la découverte d'un gisement cénomanien au Pech de Foix. *Paris,* 1886, in-4° de 2 pages.

> Extrait du *Bulletin de la Société géologique de France.*

781. **Roussel** (Joseph). Etude stratigraphique des Pyrénées. ***Paris, Baudry,*** 1893, in-8°, avec planches et cartes.

> Cet ouvrage, spécialement consacré à la description de l'Ariège, a été publié sous la direction du ministère des travaux publics.

782. **Ruade**, évêque de Couserans. Voir *Recueil de lettres ; **Testament de Bruno de Ruade.***

783. **Rumeau** (R.) Notices historiques sur les vingt cantons de l'Ariège. *Foix, Pomiès,* 1881, in-12.

784. **Rumeau** (R.) Monographie de la Bastide-de-Sérou, ouvrage renfermant des détails géographiques, historiques et biographiques intéressant la commune et le canton. *Toulouse, veuve Gimet,* 1882, in-8°.

S

785. **Sabart.** Voir Dupuy, *le Sanctuaire de Notre-Dame de Sabart;* Garrigou, *Sabart;* Morel, *la Chapelle de Sabart.*

786. **Sacaze** (Julien). Epigraphie de la Civitas Consoranorum. *Paris,* 1883, in-8° de 32 pages avec planches.

> Cette épigraphie du Couserans a été extraite de l'ouvrage ayant pour titre : *Inscriptions antiques des Pyrénées françaises.*

787. **Saint Antonin.** Voir *Vie populaire de saint Antonin.*

788. **Saint-Girons.** Voir *Coutumes de la ville de Saint-Girons* (numéro 220). Manaud de Boisse, *Promenade à travers le Saint-Gironnais* (numéro 532).

789. **Saint-Lizier.** Voir Faur, *Notice historique,* Soula, *Etude sur Saint-Lizier.*

790. **Saint-Paul** (J.-F.-S.) Mémoire historique sur le Mas-d'Azil. *Toulouse, Cadaux,* 1843, in-12 de 80 pages.

791. **Saints du Couserans** (Les trois). Saint Valier, saint Girons, saint Lizier, par M***, conseiller à la Cour d'appel de Toulouse , ancien magistrat dans l'Ariège. *Toulouse , A. Souyeux*, 1872, in-32.

> Opuscule attribué à M. Dubédat, conseiller à la Cour d'appel de Toulouse.

792. **Séance** du 25 germinal an III de l'ère républicaine, tenue dans la commune de Tarascon (Ariège), in-8° de 66 pages.

> Pièce rare et fort curieuse, contre Baby, député suppléant à la Convention nationale et correspondant de Chaudron-Rousseau, représentant du peuple en mission dans l'Ariège. Baby y est traité de tyran et de dénonciateur. C'est lui, Baby, qui a dressé la liste des prétendus ennemis de la République dans l'Ariège. Cette liste est publiée dans le document avec d'autres pièces.
> Baby (Jean-François) fameux terroriste, né à Tarascon en 1759, fut exécuté à Paris en 1797.

793. **Schefer** (Charles) membre de l'Institut. Mémoire historique sur l'ambassade de France à Constantinople par le marquis de Bonnac, publié avec un précis de ses négociations à la Porte-Ottomane. *Paris, Leroux*, 1894, in-8° avec portrait et planches.

> L'introdcution contient des renseignements biographiques sur le marquis de Bonnac, originaire du Comté de Foix.

794. **Secousse**. Mémoire historique et critique pour servir à l'histoire de messire Paul de Foix, archevêque de Toulouse. *Paris*, 1751, in-4°.

> Extrait,

795. **Seignette** (Paul). Essai d'études sur le massif pyrénéen de la Haute-Ariège. *Castres, imprimerie du Progrès*, 1880, in-4° de 228 pages avec planches.

796. **Sentein** (D^r). Des eaux minérales d'Audinac, près Saint-Girons (Ariège), considérées sous le rapport thérapeutique (1er mémoire). *Foix, Pomiès frères*, 1840, in-12 de 76 pages.

797. **Sentein** (D^r). Deuxième mémoire présenté à l'Académie royale de médecine sur les eaux minérales d'Audinac, considérées sous le rapport thérapeutique. *Foix, Pomiès frères*, 1842, in-12 de 70 pages.

798. **Sentein** (D^r). Quelques mots sur les contre-indications des eaux d'Audinac. *Foix, Pomiès frères*, 1844, in-12 de 12 pages.

799. **Sentein** (D[r]). Rapport fait au Comité de vaccine de l'arrondissement de Saint-Girons sur l'opportunité des revaccinations. *Foix, Pomiès frères*, 1845, in-12 de 32 pages.

800. **Sentein** (D[r]). Troisième mémoire présenté à l'Académie royale de médecine sur les eaux minérales d'Audinac, considérées sous le rapport thérapeutique. *Toulouse, Pinel*, 1846, in-8° de 52 pages.

801. **Sentein** (D[r]). Exposé sommaire des diverses épidémies qui ont régné dans l'arrondissement de Saint-Girons (Ariège). *Foix, Pomiès*, in-8° de 20 pages.

802. **Sentein.** Thermes, excursions. *Toulouse, Cassan*, 1890, in-12 de 32 pages.

> La station d'eau ferrugineuse de Sentein est située dans le canton de Castillon.

803. **Sentence** d'excommunication contre trois jésuites du collège de Pamiès. *A Pamiès, de l'imprimerie épiscopale*, février 1668, 4 pages in-4°.

> C'est Monseigneur François, évêque de Pamiers, qui excommunia les jésuites de son diocèse.

804. **Séré** (Martial) **et Galard-Terraube** (Victorine de). Documents inédits sur la seigneurie de Crampagna (Ariège), chez l'auteur à Loubières. *Nancy*, 1883, in-12 de 84 pages.

> La famille de Terraube, originaire de la Gascogne, était représentée au milieu du XVIIe siècle par une branche fixée dans le Comté de Foix. Celle-ci possédait les seigneuries d'Arignac et de Crampagna.

805. **Sermon** pour une profession religieuse au couvent des Bénédictines du Très Saint-Sacrement de Toulouse, le 29 juin 1883. *Foix, Pomiès*, 1883, in-4° de 32 pages.

> Sermon du R. P. de Coma, à l'occasion de la prise d'habit de sa nièce, Mlle Thérèse Carbonne, de Foix.

806. **Sicre.** Mémoire sur les eaux minérales d'Ax, dans le Comté de Foix. *A Toulouse, chez J.-H. Guillemette, avocat, imprimeur-libraire, rue Saint-Rome*, MDCCLVIII.

807. **Sicre-Tarride.** La pisciculture dans la haute vallée de l'Ariège. Réponse à trois fonctionnaires publics. *Foix, Gadrat*, 1894, in-18 de 32 pages.

808. **Sommaire** de la vie de la Révérende Mère Marguerite de
  Jésus-Christ, carmélite du monastère de Pamiers, in-12 de
  68 pages (vers 1690).

> Fille de Mauléon de Barbasan et de Catherine de Tersac-
> Montberault, cette religieuse mourut en 1684. Elle était née en
> Guyenne et issue d'une famille originaire du Comté de Foix.

809. **Songe mystérieux** arrivé à une dame protestante de la
  ville de Mazères, interprété par le supérieur du séminaire
  de Mirepoix en 1770. *A Pamiers, chez Jean-Pierre Faye,
  imprimeur du Roi et de Mgr l'Evêque,* MDCCLXX.

810. **Soucaze** (Jules). L'eau minérale d'Aulus, comparée aux
  eaux similaires de France et de l'étranger, suivi d'un aperçu
  de Bagnères-de-Bigorre. *Toulouse, Privat,* 1879, in-8° de 24
  pages.

811. **Soula** (Théodore). Etude sur Saint-Lizier (Ariège). *Foix,
  Gadrat,* 1883, in-12 de 16 pages.

812. **Soulié** (Frédéric). Le comte de Foix. Roman historique sur
  le pays de Foix au xiiie siècle.

> Cet ouvrage, qui a eu plusieurs éditions, contient la biogra-
> phie de Frédéric Soulié.

813. **Souquet** (J.-B.) Essai sur le règne animal dans le département de l'Ariège. *Foix, Pomiès,* 1837, in-8°.

814. **Souquet** (J.-B.) Métrologie du département de l'Ariège ou
  table de conversion des anciens poids et mesures usités dans
  ce département en nouveaux poids et mesures du système
  métrique. *Toulouse, chez Mortegoute, libraire,* 1840, in-8° de
  110 pages.

> M Souquet a publié, à la même époque, un autre ouvrage de
> 364 pages in-8', intitulé : *Métrologie française ou manuel théorique
> et pratique du système métrique.*

815. **Souquet** (J.-P.) Guide des voyageurs à Aulus-les-Bains.
  Foix, Pomiès, 1874, in-18 de 16 pages.

816. **Soutras** (Frédéric). Froissard à la cour de Gaston Phœbus.
  Bagnères, Péré, in-8° de 40 pages.

> Conférences publiques de Bagnères en 1868.

817. **Sponde** (de). Voir Frizon, *Vie de Henri de Sponde.*

818. **Squerrier** (Arnaud). Voir *Chroniques romanes.*

819. **Steins** (E. de). Notice biographique sur le baron Laffitte (Justin), général de brigade. *Paris*, 1856, in-8° de 8 pages, extraite du musée biographique, Panthéon universel.

> Le général Laffitte est né à Saurat (Ariège), le 4 juin 1772.

820. **Statistique des cours d'eau**, usines et irrigations du département de l'Ariège. *Paris, Imprimerie Nationale*, 1879, in-4° de 252 pages.

> 9ᵉ fascicule d'une publication par département, entreprise aux frais de l'Etat.

821. **Statuts** synodavx faits par novs Lovis-Hercvle de Levy de Ventadovr, par la grace de diev et dv S. Siège apostolique évêque de Mirepoix, pour être observés dans nôtre diocèse, tant pour la sanctification des prêtres, que l'édification et instruction des peuples. Le tout publié dans nôtre synode, le 13 juin 1672. *A Castelnavdarry, par Bernard Barcovda, imprimeur du roi et de Monseigneur l'évêque de Mirepoix*, 1672, 52 pages.

822. **Suite des mémoires** pour servir à la vie de messire Nicolas Pavillon, évêque d'Alet, avec la relation de la dernière maladie et de la mort de messire François-Etienne de Caulet, évêque de Pamiers, et la vie de ses principaux chanoines qui ont eu part à la persécution suscitée contre lui au sujet de la Régale. M. D. CC. XXXIII. Sans lieu d'impression, in-12 de 240 pages.

823. **Symboul del Courbas** (Lé), ou histouèro de co qué sé passec ays embirouns de Barilhos en 1877. *Foix, Pomiès*, 1886, in-8° de 12 pages.

> Travail dû à la plume de M. l'abbé Martial de Séré, auteur de plusieurs publications en langue romane.

824. **Syndicat de la Barguillère** (Ariège). Règlement du pacage. *Foix, Pomiès*, 1888, in-4° de 8 pages.

T

825. **Tableau** des distances en myriamètres et kilomètres : 1° de chaque commune du département de l'Ariège aux chefs-lieux du canton, de l'arrondissement et du département; 2° de chaque commune du canton à la résidence d'huissier, lorsque cette résidence n'est pas chef-lieu de canton, dressé en exécution des articles 90 et 93 du décret du 18 juin 1811. *Foix, typographie Pomiès*, 1877, in-4° de 16 pages.

826. Tableau des richesses de l'Ariège suivi d'anecdotes. *Paris,* 1800, in-12.

827. Tableu (le) de la bido del parfet crestia en bersses, que represento l'exercici de la fe accoumpaignado de las bounos obros, de las pregarios, del boun usatje des sacromens, de l'eloignomen del pecat et de las oucasius que nous y poden pourta, ount an ajustat un dictiounari gascou, esplicat en francez per l'esclarcissomen des mots les plus difficiles de nostro lengo, per le P. A. N. C., rég. de l'ordre de S.-Aug. *A Toulouzo, chez Boudo, 1673.*

Cet ouvrage a eu 5 éditions. dont la dernière a été publiée en 1897 par la maison Pomiès de Foix. Ces différentes éditions renferment des cantiques composés pour les pèlerinages qui se pratiquaient dans les sanctuaires du pays de Foix.

Voir la notice de M. Doumenjou sur le Père Amilia, chanoine de Pamiers et auteur de cet ouvrage.

828. Tamizey de Larroque (Philippe). Louis de Foix et la tour de Cordouan. *Bordeaux, Chaumas,* 1864, in-8° de 32 pages.

Natif de Paris et originaire du Comté de Foix, d'où il tirait le nom qu'il portait, l'architecte Louis de Foix naquit vers l'an 1538. « L'édifice le plus curieux que cet architecte ait fait construire est sans contredit la fameuse tour de Cordouan, bâtie sur un écueil ». La vie et le talent de Louis de Foix se partagèrent entre la France et l'Espagne, et les historiens de la péninsule ibérique n'ont pas tari d'éloges sur le compte de cet architecte.

Extrait de la *Revue de Gascogne.*

829. Tamizey de Larroque (Philippe). Notes et documents inédits pour servir à la bibliographie de Christophe et de François de Foix-Candalle, évêque d'Aire. *Bordeaux,* 1877, in-8° dé 32 pages.

Ces deux prélats étaient issus de la Maison souveraine des comtes de Foix (2e race).

Extrait de la *Revue de Gascogne.*

830. Tamizey de Larroque (Philippe). Lettres inédites de Pierre de Marca, évêque de Couserans, archevêque de Toulouse et de Paris au chancelier Séguier, publiées avec avertissement, notes et appendices. *Bordeaux, Lefebvre,* 1881, in-8° de 80 pages.

Pierre de Marca fut nommé évêque de Couserans (Saint-Lizier) en 1642, mais il ne fut sacré qu'en octobre 1648. Visiteur général et intendant de la Catalogne, pendant plusieurs années (avril 1644-juillet 1651), il ne fit son entrée solennelle dans sa ville épiscopale que le 3 août suivant, et, peu de temps après, il fut transféré sur le siège de Toulouse (27 mai 1652).

Extrait de la *Revue de Gascogne.*

831. **Tarascon**. Voir les ouvrages de M. Garrigou sur Tarascon et Sabart.

832. **Taylor** (baron). Les Pyrénées. *Paris, Gide*, 1843, in-8°.

> Contient quelques renseignements sur le département de l'Ariège.

833. **Terrier de la commune de l'Herm**, située dans le canton de Foix, département de l'Ariège, fait par Jean Eychenne, arpenteur-géomètre, habitant à Rieux-de-Pelleport, en l'an IV et fini en l'an VI. *Foix, Pomiès*, an VI, in-f° de 28 pages.

834. **Testament** de défunt Monseigneur l'illustrissime et reverendissime Messire François Estienne de Caulet, évêque et conseigneur de Pamies, décédé après douze jours de maladie, et environ trente-six ans d'épiscopat, dans la maison des Chanoines Réguliers de l'église cathédrale de Pamiès, le septième jour du mois d'aoust 1680. *A Toulouse, par Jean Pech, imprimeur ordinaire des Etats de la Province de Foix, à l'enseigne du nom de Jésus*, 1680, petit in-4° de 8 pages.

835. **Testament** (Le) de Bruno de Ruade, évêque de Couserans, par l'abbé Auriol. *Auch, imprimerie Foix*, 1897, in-8° de 8 pages.

836. **Théodore de Tarascon-sur-Ariége**, démocrate à tous crins et franc-maçon. *Foix, Gadrat aîné*, 1886, in-8° de 72 pages.

> Pochade sur les démocrates de Tarascon (Ariège).

837. **Tisserand**. L'astronome Vidal. Biographie extraite de l'*Annuaire du bureau des longitudes* pour 1881. *Foix, Pomiès*, 1881, in-8° de 8 pages.

> L'astronome Vidal naquit à Mirepoix (Ariège) le 30 mars 1747.

838. **Tombeau** de François II, dernier duc de Bretagne, et de Marguerite de Foix, par Columb, 1507. Placé dans l'église cathédrale de Nantes. *A Nantes, publié par Sébire*, in-folio, 14 planches, avec texte.

839. **Torelli** (Père Augustin). Compendio breve della vita, morte et miracolo de santo Antonimo, figlio del re de Pamias, martire glorioso de Jesu Christo et religioso Agostiniaro. S. l. n. d.

840. **Toulouse-Lautrec** (comte de). Discours prononcé à l'occasion de la réunion des félibres d'Aquitaine à Foix le 18 mai 1886. *Foix, Pomiès*, 1886, in-8° de 20 pages.

> Texte français, avec traduction en langue romane.

841. Tournier (Albert). Lakanal dénonciateur, d'après des documents inédits. *Paris*, 1894, in-8° de 6 pages.

> Extrait de la *Revue des Revues*.

842. Tournier (Albert). Vadier, président du Comité de sûreté générale sous la Terreur ; d'après des documents inédits. *Paris*, *Flammarion*, *éditeur*, 18.16, 348 pages, avec portraits et autographes.

> Biographie du conventionnel Vadier, de Pamiers, et documents sur l'histoire de la Révolution dans l'Ariège.

843. Tradvction françoise du Panegyre grec dv roy Lovys le juste sur le subject des triomphes de sa Majesté, svr la prise de la Rochelle, faict et prononcé par le sieur de Mérignon, natif de la ville d'Acqs au païs de Foix. *Paris*, *Robert Estienne*, 1629, 2 parties en 1 vol. in-8°.

> La seconde partie contient le texte grec ; ouvrage extrèmement rare.

844. Traité de la Régale, imprimé par l'ordre de l'évêque de Pamiers pour la défense des droits de son église, 1680, in-4°.

845. Transaction portant fixation des droits d'usage des habitants des communes de Bélesta, Fougax et Laguillon, sur la forêt de Bélesta. *Foix*, 1748, 8 pages.

846. Tribolet. Voir *Œuvres patoises de Tribolet*.

847. Tronçon de Coudray. Mémoire où sont décrits les ateliers st le travail des forges du pays de Foix et du Roussillon. *Paris*, 1775, in-8°.

848. Troussiere (de la). La vie de François Dusson, où l'on voit plusieurs particularitez du règne de Louis XIII qui n'ont point encore veu le jour. *Amsterdam*, *à la Sphère)*, 1678, in-12.

> *Biographie très rare*, donnant une foule de détails curieux sur une des plus grandes célébrités de la noblesse du Comté de Foix (marquis d'Usson) suivie de la relation des combats et batailles livrées par les protestants commandés par le duc de Rohan dans le Bas-Languedoc, les pays Castrais et d'Albigeois.

849. Trutat (E.). Les traces glaciaires dans la grotte de Lombrives (Ariège). *Paris*, 1885, in-4° de 4 pages.

> Extrait du *Bulletin de l'Académie des sciences*.

U

850. **Usages** locaux du département de l'Ariège. *Foix, Pomiès*, 1889, in-8° de 12 pages.

> Extrait de l'*Annuaire de l'Ariège* de 1889,

851. **Ussat** (Ariège). Bains Sainte-Germaine. *Toulouse, Bonnal et Gibrac*, 1867, in-8° de 16 pages.

852. **Ussat.** Voir les ouvrages de MM. Bécane, Bessières, Blondin, Bonnans, Boucoiran, Cénac, Dieulafoy, Fau, Filhol, Garrigou, Guittard, Labat, Ourgaud, Pauly, Pilhes, Pujol, Vergé, et *Notices sur Ussat.*

853. **Usson** (d'). Voir *Troussière (de la)*.

V

854. **Vadier.** Opinion du citoyen Vadier, député du département de l'Ariège à la Convention nationale, concernant Louis XVI. Imprimée par ordre de la Convention. *Imprimerie Nationale*, in-8° de 8 pages.

855. **Vadier.** Opinion de M. Vadier, député du département de l'Ariège à l'Assemblée nationale, sur l'affaire de Pamiers. *Imprimerie Nationale*, 1790, in-8° de 24 pages.

856. **Vadier.** Seconde opinion du citoyen Vadier, député du département de l'Ariège, sur Louis Capet, imprimée par ordre de la Convention nationale. *Imprimerie polyglotte des rédacteurs-traducteurs des séances de la Convention nationale*, in-8° de 12 pages.

857. **Vadier.** Rapport et projet de décret présentés à la Convention nationale au nom des Comités de sûreté générale et de salut public. Séance du 27 prairial an II. *(Affaire de Catherine Théas et de l'ex-chartreux dom Gerle)*, imprimés par ordre de la Convention. *Imprimerie Nationale*, in-8° de 16 pages.

858. **Vadier.** Rapport et projet de décret présentés au nom du Comité des secours publics par le citoyen Vadier, député du département de l'Ariège à la Convention nationale, sur l'administration et distribution des revenus des pauvres des 48 sections de Paris, imprimés par ordre de la Convention nationale. *Imprimerie Nationale*, in-8° de 11 pages.

859. **Vadier**. Rapport et projet de décret présentés à la Convention nationale au nom des Comités de sûreté générale et de salut public. Séance du 27 prairial an II, imprimés par ordre de la Convention nationale. *Imprimerie Nationale*, in-8° de 22 pages.

860. **Vadier**. Extrait de soixante ans de vertus, ou lettres écrites par Vadier à son ami Fouquier-Tinville. *Imprimerie de Guffroy*, rue Honoré, numéro 35, cour des ci-devant Capucins, in-8° de 8 pages.

861. **Vadier**. Réponse de Vadier à la dénonciation calomnieuse du nommé Darmaing. *Imprimerie Guérin, rue des Boucheries-Honoré, Paris*, in-8° de 16 pages.

862. **Vadier**. Suite de la réponse de Vadier à la dénonciation du nommé Darmaing, imprimée par ordre de la Convention nationale. *Imprimerie Nationale*, nivôse an III, in-8° de 18 pages.

863. **Vadier**. Résumé de la défense de Vadier contre la dénonciation de Darmaing, imprimé par ordre de la Convention nationale. *Imprimerie Nationale*, ventôse an III, in-8° de 20 pages.

864. **Vadier**. Encore un mot de Vadier sur les calomnies intarissables de Darmaing, imprimé par ordre de la Convention nationale. *Imprimerie Nationale*, ventôse an III, in-8° de 16 pages.

865. **Vadier**. Réponse de Vadier à la dernière caricature de Darmaing, imprimée par ordre de la Convention nationale. *Imprimerie Nationale*, ventôse an III, in-8° de 16 pages.

866. **Vadier**. Réponse de Vadier aux nouvelles calomnies de Darmaing, avec une suite d'analyse de pièces justificatives, imprimée par ordre de la Convention nationale. *Imprimerie Nationale*, pluviôse an III, in-8° de 32 pages.

867. **Vadier**. Réponse de Vadier à l'adresse de quelques habitants de Foix, imprimée par ordre de la Convention. *Imprimerie Nationale*, pluviôse an III, in-8° de 24 pages.

868. **Vadier**. Réponse de Vadier aux accusations de Lecointre. *Imprimerie Guérin, rue des Boucheries-Honoré, Paris*, in-8° de 15 pages.

869. **Vadier**. Réponse de Vadier à la pétition de la citoyenne Bardon, fille de Cazes, imprimée par ordre de la Convention nationale. *Imprimerie Nationale*, pluviôse an III, in-8° de 20 pages.

870. **Vadier**. Analyse des pièces justificatives de l'opinion émise par Vadier, dans ses lettres à Fouquier-Tinville, au sujet des contre-révolutionnaires de l'Ariège, imprimée par ordre de la Convention nationale. *Imprimerie Nationale*, pluviôse an III, in-8° de 35 pages.

871. **Vadier**. Vadier à ses collègues. *De l'imprimeur sans-culottide de G.-F. Galelli, aur Jacobins Honoré.*

872. **Vadier**. Voir Darmaing (numéros 221, 222, 223) ; *Réfutation des libelles de Vadier ;* Tournier, *Vadier, président du Comité de sûreté générale ;* Castéras (de), *Le conventionnel Vadier* (2e partie du catalogue); *Notes sur les débuts de la Révolution à Pamiers.*

873. **Vallon** (Aristide). Discours prononcé sur la tombe de Jean-Marie-Emile Pinet-Laprade, colonel du génie, commandeur de la Légion d'honneur, gouverneur du Sénégal. *Foix, Pomiès*, 1872, in-8° de 8 pages.

> Le colonel Laprade était originaire de Mirepoix (Ariège).

874. **Vaissière** (abbé). Saint Antonin, prêtre, apôtre du Rouergue, martyr de Pamiers. Etude sur son apostolat, son martyre et son culte. *Montauban, Forestié neveu*, 1872, in-18 avec gravures.

875. **Vergé** (Dr). Notice sur les eaux d'Ussat. *Foix, Pomiès frères*, 1842, in-12 de 46 pages.

876. **Vergé** (Dr). Nouvelle notice sur les eaux d'Ussat. *Foix, Pomiès*, 1856, in-8° avec un plan.

877. **Vergé** (Dr). De l'électricité cause de choléra, de l'hydrothérapie comme moyen de guérison. *Foix, Pomiès frères*, 1858, in-8° de 28 pages.

> Les observations de guérison mentionnées dans cet opuscule ont été recueillies dans l'Ariège.

878. **Vergé** (Dr). Impressions d'un médecin sur l'épidémie cholérique qui a régné dans l'Ariège pendant les mois de septembre et d'octobre 1884. *Foix, Pomiès*, 1856, in-8°.

879. **Vicdessos**. Voir *Factum* pour les consuls de Vicdessos.

880. **Vidal** (J.-M.) Recherches sur l'origine de divers bâtiments dont il ne reste pour la plupart que des ruines dans le département de l'Ariège.

> Ce mémoire inédit, de l'astronome Vidal, originaire de Mirepoix, a été publié dans l'ouvrage de M. Garrigou, intitulé : *Etudes historiques sur l'ancien pays de Foix et le Couserans.*

881. Vidal (J.-M.) L'émeute des pastoureaux en 1320. Lettres du pape Jean XXII. Déportement du juif Baruc devant l'inquisition de Pamiers. *Rome, imprimerie de la paix,* **Philippe Guggiani,** 1898, de 58 pages.

Extrait des *Annales de Saint-Louis-des-Français.*

882. Vidal (J.-M.). Une secte de spirites à Pamiers en 1320. *Rome, imprimerie de la paix,* **Philippe Guggiani,** 1899, in-8° de 68 pages.

Extrait des *Annales de Saint-Louis-des-Français.*

883. Videt. Dictionnaire des communes et vocabulaire des hameaux du département de l'Ariège. *Foix, Pomiès,* 1855, in-12 de 62 pages.

884. Vie et fin déplorable de Madame de Budoy, trouvée, en janvier 1814, entièrement nue et vivante sur les hautes montagnes du canton de Vicdessos, département de l'Ariège. *A Paris chez G. Mathiot, libraire,* 1817, 2 volumes in-12, 2 figures.

Plusieurs ouvrages ont été écrits sur cette dame, surnommée *la folle des* **Pyrénées.**

885. Vie de M. l'abbé de Caulet. *Rodez, Devie,* 1745, in-12.

Sa naissance. Sa conversion et son établissement à Bélesta. Son séjour à Bélesta et sa démission. Il travaille à Toulouse. M. de Caulet était le neveu de l'Evêque de Pamiers.

Une seconde édition a été publiée en 1762.

886. Vie de la vénérable sœur de Foix (La) de la Valette d'Epernon, dite en religion sœur Anne-Marie de Jésus, par l'abbé de Montis, 1774, in-12.

887. Vie (La) et les vertus de la sœur Germaine d'Armaing, religieuse des pauvres filles de la première règle de Sainte-Claire, du faubourg Saint-Cyprien de Toulouse, avec ses lettres spirituelles écrites à son directeur. *A Toulouse, chez la veuve* **Pech,** 1700, in-12 de 413 pages.

Germaine d'Armaing, née à Pamiers le 5 septembre 1664, est morte, dit-on, en état de sainteté à l'âge de 35 ans. (Voir *Eloge de la sœur Germaine d'Armaing*.)

La deuxième édition de cet ouvrage a été publiée en 1787 par *Larroire, imprimeur à Pamiers.*

888. Vie populaire de saint Antonin, apôtre du Rouergue et martyr de Pamiers, par un prêtre de Montauban. *Montauban,* 1889, in-12.

889. **Vieira** (G). Notice sur la mine de Montcoustans. *Toulouse,* 1879, in-8°.

> La mine de Montcoustans est située dans la commune de Cadarcet, canton de la Bastide-de-Sérou (Ariège).

890. **Vigarosy**. Discours prononcé sur le tombeau de M. le maréchal de France comte Clauzel, le 23 avril 1842. *Foix,* ***Pomiès frères***, 1842, in-8° de 12 pages.

> Le maréchal Clauzel est né à Mirepoix, et c'est dans le cimetière de cette ville que se trouve son tombeau.

891. **Vigarosy**. Exposé sur la question de savoir si l'ancien dépôt de mendicité de Saint-Lizier sera approprié en maison d'aliénés ou si une maison d'aliénés sera construite au centre du département, non loin du chef-lieu. *Foix,* ***Pomiès, frères***, 1847, in-12 de 32 pages.

892. **Vigarosy**. Voir *Chemin de fer d'intérêt local de Pamiers à Carcassonne ; Chemin de fer devant le Conseil général.*

893. **Vignacourt** (Comte de). Gaston de Foix, IV° du nom ; nouvelle historique, galante et tragique par M. D. V. *La Haye,* 1739, 2 volumes in-8°.

W

894. **Willyamor** (Mme de). Léonore de Grailly et Gaston de Foix. *Paris*, 1797, 2 volumes in-8°.

> Il y a plutôt du roman que de l'histoire dans cet ouvrage.

DEUXIÈME PARTIE[1]

A

895. Abrégé de l'histoire ecclésiastique. Cologne in-4°.

Ce recueil périodique, entrepris au commencement du xviiie siècle, renferme de nombreux renseignements sur des questions intéressant les diocèses et les prélats de France. On y trouve de curieux articles sur les évêques de Mirepoix, Pamiers et Saint-Lizier.

896. Acta Sanctorum. Joannes Bollandus, Godefridus Heuschenius, societatis Jesu theologie, *Paris*, *Victor Palmé*, 54 vol. in f°.

Plus connue sous le nom des *Bollandistes*, cette publication contient la collection des actes et des vies des saints. On y relève les noms des saints suivants, qui se rattachent à l'Ariège par leur origine, leur mort ou un évènement important de leur vie : Tome i, page 354, saint-Antonin ; Tome xi, page 194, saint-Volusien ; page 461, saint-Girons ; Tome ii, page 227, saint-Valier ; Tome iv, page 125, saint-Raymond de Balbastre ; Tome vi, page 55, saint-Lizier.

---

(1)C'est par erreur que quelques ouvrages se trouvent mentionnés à cette place ; ils auraient dû figurer à la première partie.

897. **Agriculture française,** par MM. les Inspecteurs de l'agriculture. *Paris, imprimerie royale*, 1847. 87 vol. in-8°, avec cartes.

> L'Ariège forme le 4e volume de cette publication faite par départements.

898. **Album d'Ax.** Vues principales de la ville, des établissements thermaux, sites et paysages. *Foix, Gadrat*, 1899, in-16 raisin, format oblong.

899. **Album des monuments et de l'art ancien du sud-ouest,** publié par la Société archéologique du Midi de la France. *Toulouse, imprimerie E. Privat*, in-4° avec illustrations en phototypie.

> Le premier volume porte la date de 1893. On trouve dans cette publication des planches et des notices concernant les monuments de l'Ariège.

900. **Andogne** (P). Histoire du Languedoc, avec l'estat des provinces voisines. *Beziers* 1648, 1 vol. in-f°.

> L'auteur consacre quelques pages au comté de Foix.

901. **Annales du Midi.** Revue archéologique, historique et philologique de la France méridionale, publiée par Antoine Thomas, professe ir à la Faculté des lettres de Toulouse.

> Fondée en 1888, cette Revue trimestrielle publie de temps en temps des articles sur l'histoire et l'archéologie de l'Ariège.

902. **Annuaire du Club-Alpin.** Courses et excursions.

> Le volume de 1886 fait mention d'une excursion de Saint-Lizier-d'Ustou (Ariège) à Gavarni par le versant espagnol. Le volume de 1888 consacre 23 pages aux courses faites en Ariège, Andorre et Catalogne.

903. **Anselme** (Le Père) *Augustin déchaussé.* Histoire généalogique et chronologique de la Maison royale de France, des Grands Officiers de la couronne et de la Maison du Roy, avec les qualitez, l'origine et le progrès de leurs familles. Ensemble les statuts et le catalogue des Chevaliers, Commandeurs et Officiers de l'Ordre du Saint-Esprit, le tout dressé sur les titres originaux, registres des chartres du Roy, du Parlement de la Chambre des comptes et du Châtelet de Paris. Cartulaires d'Eglises, manuscrits et mémoires qui sont dans la Bibliothèque du Roy, et autres. *Paris*, 1712, 2 vol. in-f°.

> Nombreux et précieux renseignements sur les plus anciennes Maisons nobles de France. Notices sur les familles de Foix, de Lévis, etc , etc.,

904. Arbanère, tableau des Pyrénées françaises, *Paris, Treuttel et Wurtz*, 1828, 2 vol in-8°.

> Description complète de cette chaîne de montagne et de ses principales vallées, depuis la Méditerranée jusqu'à l'Océan. L'auteur a consacré 50 pages à l'Ariège, dans son premier volume.

905. Andouin-Dumazet. Voyage en France. *Paris, Berger-Levrault et Cie* 1894-1900, 30 vol. in-12.

> Le département de l'Ariège est décrit dans la série *Roussillon et Languedoc*.

906. Arène (Paul) et **Tournier** (Albert). Des Alpes aux Pyrénées. Etapes félibriennes. *Paris, Marpon et Flammarion*, 1 vol. in-12 1891.

> Ce volume, rempli de portraits et de vues en photogravure, intéresse l'Ariège. Deux chapitres sont consacrés à ce département.

907. Arrêt de la Cour du Parlement de Tolose contre le duc de Rohan, en exécution des lettres patentes de déclaration. Et la dite cour a ordonné et ordonne qu'il sera prins et saisi au corps mort ou vif et sera tiré à quatre chevaux jusqu'à ce que son corps soit desmembré. A Lyon, jouxte la coppie imprimée à Tolose, par Jacques Colomiez, imprimeur ordinaire du Roi. MDCCCXXVIII avec permission, in-8° de 14 pages.

> Le duc de Rohan fut, sous Louis XIII, le chef du parti protestant, dont il soutint plusieurs fois les intérèts par les armes. Il exerça dans le Languedoc et le pays de Foix un pouvoir absolu à l'époque des guerres religieuses. Il mourut en 1638 d'une blessure en combattant à l'étranger.

908. Asfeld (vicomte d') Chronique du Béarn, depuis les temps les plus reculés jusqu'à nos jours, où sont mêlés l'histoire des Basques, celle des peuples de Bigorre, de Marsan, d'Armagnac, du comté de Foix et de plusieurs autres des Pyrénées. *Paris*, 1847, 2 vol. in-8°.

909. Astrié (Gustave). De la médication thermale sulfureuse appliquée au traitement des maladies chroniques, avec la thermographie de quelques stations prises dans les divers groupes. *Paris, Labé, éditeur*, 1852, in-4° de 103 pages.

> Dans le premier chapitre de son ouvrage, l'auteur parle longuement des eaux thermales d'Ax.

910. Astruc. Mémoires pour l'histoire naturelle de la province de Languedoc, divisés en trois parties. Ornés de figures et de cartes en taille douce. *Paris, G. Cavelier*, 1737 in-4°.

Les chapitres ı et ıı de la seconde partie contiennent des observations très détaillées sur la fontaine intermittente de Fontestorbes, située dans la commune de Bélesta, département de l'Ariège (28 pages de texte et une planche).

911. Aubigné (d'). Histoire universelle du sieur d'Aubigné qui s'estend de la paix entre tous les princes chrestiens jusques à celles des troisièmes guerres en l'an 1570, et l'œuvre entier rend conte de la fin du siècle et de l'entrée au suivant, finissant avec la vie de Henry-le-Grand. Amst. 1626, 2 parties en 1 vol in-f°.

Important pour l'histoire du protestantisme et des guerres de religion au xvıe siècle. — Cette édition est recherchée parce qu'elle contient de nombreux passages qui ne se trouvent pas dans la première. L'ouvrage fait mention des troubles qui ont eu lieu dans le pays de Foix.

912. Auvigny (d') Vie des hommes illustres de la France. *Amsterdam*, 1741.

Cet ouvrage donne une notice sur Gaston de Foix au tome ıxe.

B

913. Balaguer (Obras de Victor) Tragédias. *Madrid*, 1882, in-8° en vers catalans avec la traduction en prose castillane.

Contient une trilogie sur les comtes de Foix.

914. Barrière-Flavy. Pouillé du diocèse de Rieux, contenant l'état général et le revenu de tous les bénéfices qui en dédépendent, suivant les déclarations fournies en conséquence de la délibération de l'assemblée générale du clergé de France du 12 décembre 1726, lequel Pouillé est divisé en trois classes. *Foix, imp. Francal* 1896, in-8° de 128 pages.

Le diocèse de Rieux, créé en 1317, s'étendait sur le comté de Foix, le Comminges et le Languedoc. Les paroisses du comté de Foix, au nombre de 50, étaient réparties dans les cantons du Mas-d'Azil, Sainte-Croix, Fossat, Saverdun, Pamiers, Varilhes, La Bastide-de-Sérou et Saint-Girons.

915. Bartas. (Salluste du) Œuvres diverses, qui ont eu plusieurs éditions à la fin du xviie et au commencement du xviiie siècle.

> Dans la *première sepmaine* de son poème de la CRÉATION, le poète du Bartas a chanté la curieuse fontaine intermittente de Fontestorbes, située dans la commune de Bélesta (Ariège). Dans son poème des *Neuf Muses des Pyrénées*, il a chanté aussi les beaux paysages du comté de Foix.

916. Bascle de Lagrèze. Le Trésor de Pau, archives du château d'Henri IV, avec des fac-similé. *Pau, E. Vigancourt*, 1851, in-8°.

> Renferme des indications et des documents relatifs au pays de Foix.

917. Bascle de Lagrèze. Le château de Pau, son histoire et sa description. *Paris, Didier*, 1854, in-8°.

> Le chapitre II est consacré à Gaston-Phœbus, comte de Foix. Cet ouvrage a eu cinq éditions ; la dernière, (1895) contient des gravures.

918. Basville (de). Mémoires pour servir à l'histoire du Languedoc. *Amsterdam*, 1734. in-12.

> Renseignements sur le diocèse de Mirepoix.

919. Baudier. (Michel) *de Languedoc, conseiller du Roi*. Histoire de l'administration du cardinal d'Amboise, grand ministre d'Etat en France. *Paris*, 1633, petit in-4° de 273 pages.

> Livre important à consulter pour l'étude du règne de Louis XII et de la noblesse de son temps. Nombreux noms cités, parmi lesquels nous relevons ceux d'Anne de Foix, Adrien de Foix, Duras, Durfort-Duras, Gaston de Foix Germaine de Foix, Jean de Foix, Odet de Foix, Pierre de Foix.

920. Baudouin. Lettres inédites de Philippe-le-Bel. *Paris, Champion*, 1887. in-8° de près de 500 pages.

> Documents tirés des archives de la Haute-Garonne et de l'Ariège.

921. Baudrillard (Alfred). Les populations agricoles de la France, *Paris, Guillaumin*, 1885-1886 et 1893, 3 vol. in-8°.

> C'est par provinces que l'auteur a fait ses études sur la famille, la valeur et la division des terres, le fermage et le métayage, le salaire, le passé et le présent des populations agricoles.
>
> Dans le 3e volume, il est question des provinces du Midi,

parmi lesquelles figure le comté de Foix. 40 pages consacrées
à l'Ariège ont été reproduites dans le *Bulletin de la Société Ariégeoise des sciences,lettres et arts.*

922. **Baurens** (l'abbé). Histoire de la vie et du culte de saint
Guillaume de Toulouse. *Toulouse, E. Privat*, 1873, in-18 de
106 pages.

> Saint Guillaume fut prieur de Pamiers pendant 10 ans.
> L'ouvrage contient une description de l'ancien couvent des
> Augustins de Pamiers.

923. **Béarn et Navarre.** (Histoire de par Nicolas de Bordenave
(1517 à 1572), publiée sur le manuscrit original, par Raymond. *Paris*, 1873, in-8.

> Le comté de Foix est mentionné dans cette histoire, comme
> dans toutes les publications qui concernent le Béarn.

924. **Belloy** (Pierre de) *Advocat-Général au Parlement de Toulouse.*
Edict et déclaration du Roy Henri IV de France et de
Navarre sur l'union et incorporation de son ancien patri-
moine mouvant de la Couronne de France au domaine
d'icelle. *A Tolose, de l'imprim. des Colomiès*, 1608, petit in-8.,
portrait du roi Henri IV, gravé en bois au verso du titre.

> Livre rare et d'un grand intérêt historique, donnant des
> détails curieux sur les apanages des Rois de France et de la
> Noblesse, les Etats des Maisons de Foix et d'Armagnac, des
> faits intéressants à consulter pour l'histoire des provinces de
> Guyenne, Béarn, Languedoc et Gascogne, avec les savants com-
> mentaires de P. de Belloy.

925. **Benoist.** (Le R.P.) Histoire des Albigeois et des Vaudois ou
Barbets. *Paris, Jacques Le Febvre*, 1691, 2 vol. in-12.

> Intéressant ouvrage dans lequel on trouve de nombreux ren-
> seignements sur la part que prit le comté de Foix dans la guerre
> des Albigeois. Ce livre contient aussi une généalogie des comtes
> de Foix et de la même maison en la branche des seigneurs et
> baron de Rabat.

926. **Béraldi** (Henri). Cent ans aux Pyrénées. *Paris* 1898-1898,
3 vol. in-12.

> L'auteur a mentionné l'Ariège dans son travail pour l'histoire
> de la connaissance pittoresque de la montagne, de Ramond à
> nos jours.

927. **Bernard** (abbé) Monseigneur Jean-Marie du Lau, Archevesque d'Arles, massacré aux Carmes le 2 septembre 1792.
Arles, Jouve, 1892.

> L'Evêque d'Arles avait été chanoine de Pamiers. Voir Perout,
> *Vie de J.-M. Dulau.*

928. Besoigne (Père). Vie des quatre évêques engagés dans la cause de Port Royal, pour servir de supplément à l'histoire de Port Royal. *Cologne*, 1756, in-12, 4 vol. Table analytique.

> Mgr d'Alet, Mgr d'Angers, Mgr de Beauvais, Mgr de Pamiers (Caulet).

929. Bibliographie des travaux historiques et archéologiques publiés par les sociétés savantes de France dressée sous les auspices du ministère de l'Instruction publique. *Paris*, *imprimerie nationale*, 1885. in-4°.

> Cette publication mentionne les articles insérés dans le *Bulletin de la Société Ariégeoise des sciences, lettres et arts*.

930. Billard (Blaude). Sieur de Gourgenay Bourbonnais. Tragédies, *Paris Hury*, 1612, in-12.

> Contient une tragédie sur Gaston de Foix.

931. Biographie Toulousaine, ou dictionnaire historique des personnages qui, par des vertus, des talents, des écrits, de grandes actions, des fondations utiles, des opinions singulières, des erreurs, etc., se sont rendus célèbres dans la ville de Toulouse ou qui ont contribué à son illustration, par une Société de gens de lettres. *Paris, Michaud*, 1823, 2 vol. in-8°.

> Cet ouvrage donne une notice biographique sur Laperrière, historien du pays de Foix, et des renseignements sur certaines familles dont le nom se rattache à l'histoire de l'Ariège.

932. Bladé. Convenæ et les Consoranni (Les). *Toulouse*, 1893, in-8°.

> Commingés et Couserans.

933. Boissonnade (P.) Histoire de la réunion de la Navarre à la Castille et essai sur les relations des princes de Foix (Albret) avec la France et l'Espagne. *Paris, Picard*, in-12, 1893.

> Ce livre est plein d'intérêt pour l'histoire du comté de Foix.

934. Bompart (l'abbé). Eloge de M. de Marca, archevêque de Paris. *Paris, Hérissant*, 1762, in-8° de 26 pages.

> Discours qui a remporté le prix de l'académie des sciences et beaux-arts de Pau, le 4 février 1762. M. de Marca a été évêque de Saint-Lizier.

935. Bordère. Flore des Pyrénées. 3 albums in-f° renfermant 400 plantes pyrénéennes.

> Ouvrage intéressant pour la flore de l'Ariège.

936. Borel d'Hauterive. Annuaire de la noblesse de France et des Maisons souveraines de l'Europe. *Paris.*

> Cette intéressante publication, qui est arrivée à sa 46ᵉ année, renferme des notices accompagnées de blasons sur les familles nobles de l'ancien pays de Foix.

937. Boucheseiche. Description abrégée de la France, où la France divisée selon les décrets de l'Assemblée nationale. *Paris*, 1790, in-8, 1. carte grav. par Moithey.

> Cette division de la France en districts est intéressante à connaître pour l'histoire administrative de la Révolution. Le département de l'Ariège y est mentionné avec les 3 districts de Tarascon, Mirepoix et Saint-Girons.

938. Boulainvilliers (comte de). Etat de la France dans lequel on voit tout ce qui regarde le gouvernement ecclésiastique, le militaire, la justice, les finances, le commerce, les manufactures, le nombre des habitants et en général tout ce qui peut faire connaître à fond cette monarchie, extrait des mémoires dressés par les Intendants. *Londres*, 1727, 3 vol. in-fº, carte de la France par généralités.

> Les tomes II et III donnent des renseignements sur les diocèses de Pamiers, Mirepoix et Couserans.

939. Bourg (du). Histoire du grand prieuré de Toulouse et des diverses possessions de l'ordre de Saint-Jean-de-Jérusalem dans le Sud-Ouest de la France, Languedoc, Pays de Foix, de Comminges, de Béarn, Gascogne, Guyenne, Périgord, Quercy, Albigeois, Rouergue, avec les pièces justificatives et le catalogue des commandeurs. *Toulouse, Sistac*, 1883. in-8º.

> Contient une notice sur la commanderie de Gabre, située dans le comté de Foix. Il est fait mention aussi des possessions de la commanderie de Caignac dans certaines localités dudit pays de Foix.

940. Bremond (Alphonse). Nobiliaire Toulousain. Inventaire général des titres probants de noblesse et de dignités nobilières. *Toulouse, Bonnal et Gibrac*, 1863. 2 vol. in-8º avec blasons.

> Renferme quelques indications sur certaines familles nobles de l'Ariège.

941. Brunet (Romuald). Manuel national d'histoire et de géographie. *Paris*, 1888. in-4º de 339 p. cartes en couleur.

> Description historique et géographique de chaque département classé par corps d'armée. — Défense des frontières maritimes et continentales. — Possessions coloniales. — Gouvernements militaires avant 1789. — Armée et marine de France, etc.

942. **Buffin**. Changement de nos noms (Les) ou liste alphabétique d'après le bulletin des lois de toutes les personnes qui ont obtenu du gouvernement l'autorisation de changer ou de modifier leurs noms par l'addition de la particule, ou autrement, depuis 1803-1865, contenant les noms, prénoms, profession et lieux de naissance de chaque individu cité dans ladite liste, *Paris*, grand in-8°, 128 pag. à 2 col.

On trouve dans cette nomenclature plusieurs noms de familles ariégeoises.

943. **Bulletin** de la Société botanique de France. *Paris*, publication périodique.

Renferme des travaux sur les recherches des botanistes dans les cantons d'Ax et de Quérigut.

944. **Bulletin** de la Société archéologique du Midi de la France.

On trouve dans cette Revue, qui se publie à Toulouse, des articles concernant l'Ariège.

945. **Bulletin** trimestriel de la Société des sciences, lettres et arts, de Pau.

Cette Revue fondée en 1871 donne souvent des articles fort intéressants sur l'histoire et l'archéologie de l'ancien pays de Foix.

946. **Bulletin** de la Société de géographie de Toulouse.

Le premier numéro de cette Revue porte la date de 1881. Depuis sa fondation le *Bulletin* a donné plus de 20 articles qui intéressent l'Ariège.

C

947. **Cadier** (Léon). Les Etats de Béarn, depuis leurs origines jusqu'au commencement du xvi° siècle. *Paris, imprimerie nationale*, 1888, in-8°.

Il est souvent question des comtes de Foix dans cette importante publication.

948. **Cadier** (Léon). Le livre des Syndicats des Etats de Béarn (texte béarnais) publié par la société historique de Gascogne. *Paris, Honoré Champion*, 1889, in-8°.

L'introduction de cet ouvrage contient de nombreux renseignements sur les souverains de la maison de Foix.

949. **Caillaux**. Tableau des mines métalliques de France.

Indication des mines de l'Ariège avec renseignements divers.

950. **Camena d'Almeida**. *Les Pyrénées*, développement de la connaissance géographique de la chaîne. *Paris, Armand Colin*, 1893, in-8°.

Ouvrage intéressant dans lequel il est parlé de l'Ariège.

951. **Canet** (V. Simon de Monfort et la croisade contre les albigeois. *Société Saint-Augustin, de Lille*, 1892. in-8°, avec gravures.

Détails sur les comtes et le Pays de Foix, le château de Montségur et la terre de Mirepoix. L'ouvrage renferme un document intitulé : La charte de Pamiers.

952. **Casgrain** (l'Abbé). Montcalm et Lévis, guerre du Canada. *Tours, A. Mame*, 1897. in-4°.

Le chevalier de Lévis, issu de la grande Maison de Lévis-Mirepoix, fut le dernier maréchal de camp des dernières troupes de la France.

953. **Castéran** (Paul de) Traités internationaux des lies et passeries conclus entre les hautes vallées frontières des Pyrénées-Centrales. *Toulouse Privat*, 1897, in-8° de 20 pages.

Des lies et posseries existaient entre les vallées de Viedessos et du Salat, d'une part, et les vallées espagnoles, d'autre part. Extrait *de la Revue des Pyrénées*.

954. **Castéran**. (Paul de) Les Pyrénées-Centrales au xviie siècle. Lettres écrites par M. de Froidour, grand maître enquêteur et général réformateur des eaux et forêts, au département de la grande maîtrise de Languedoc à M. de Héricourt son procureur général à Toulouse, et à M. de Meudon, conseiller au présidial de Toulouse, publiées avec des notes. *Auch, G. Foix*, 1899. in-8° de 216 pages.

Renseignements très intéressants sur la question forestière dans le comté de Foix.
Extrait de la *Revue de Gascogne*.

955. **Castéras** (de). La Société toulousaine à la fin du xviiie siècle (l'ancien régime et la révolution ,*Toulouse, E. Privat*, 1891, in-8°

Dans cet ouvrage, il est question du conventionnel Vadier et d'autres personnages politiques de l'Ariège.

956. **Castéras** (de) Une page d'histoire du château narbonnais. Entrevue du roi Charles VI et du comte de Foix, Gaston Pœbus. Meurs du Moyen Age. *Toulouse, Privat,* 1894, in-8° de 36 pages.

> Caractère, habitudes et mœurs de nos ancêtres.
> Extrait de la *Revue des Pyrénées.*

957. **Castéras** (de) Le Conventionnel Vadier et ses collègues de la représentation de l'Ariège. *Toulouse , Privat,* 1897, in-8° de 24 pages.

> Extrait de la *Revue des Pyrénées.*

958. **Catalogue** des monuments historiques. Monuments antiques du Moyen Age, de la Renaissance et des temps modernes. *Paris.* 1887, in-8° 32 pag. à 2 colonnes.

> Les monuments sont classés par ordre alphabétique de département et de lieux. Mention du château de Foix.

959. **Catalogue** des procès-verbaux des Conseils Généraux de 1790 à l'an II. conservés aux archives nationales et dans les archives départementales. *Paris, imprimerie nationale,* 1891, in-8°.

> A la page 17 du catalogue, il est fait mention de 3 procès-verbaux du département de l'Ariège, qui se trouvent aux archives nationales.

960. **Catel** (Guillaume de). Mémoires de l'histoire du Languedoc, curieusement et fidèlement recueillis de divers autheurs grecs, latins, français et espagnols ; et de plusieurs titres et chartes tirés des archives des villes et communautez de la mesme province et autres circonvoisines. *A Tolose, Colomiez,* 1633, in-f°.

> Nombreux renseignements sur l'histoire du comté de Foix.

961. **Cau-Durban** (abbé). Sépultures préromaines dans l'Ariège. *Foix, Gadrat,* 1899, in-8° de 12 pages.

> Extrait du *Bulletin de la Société ariégeoise des sciences, lettres et arts.*

962. **Cénac-Moncaut**. Aquitaine et Languedoc, ou histoire pittoresque de la Gaule méridionale. *Paris,* 1848, 2 vol. in-8° avec figures.

> Ouvrage renfermant des passages qui se rattachent à l'histoire du comté de Foix.

963. Cénac-Moncaut. Les richesses des Pyrénées françaises et espagnoles, ce qu'elles furent, ce qu'elles sont, ce qu'elles peuvent être. *Paris, Guillaumin, et Cie* 1864, in-8.

> Description sommaire de 8 départements de la région pyrénéenne parmi lesquels figure l'Ariège. L'auteur y traite les questions forestières, minières, industrielles, qui en font un livre pratique, que tout le monde peut consulter avec fruit.

964. Cénac-Moncaut. Histoire des peuples et des états pyrénéens (France et Espagne),depuis l'époque celtibérienne,jusqu'à nos jours *Paris, Didier et Cie*, 1874, 4 vol. in-12.

> Annales historiques de la Catalogne, de l'Aragon, de la Navarre, du Pays basque, du Béarn, du Bigorre, du Comminges, du comté de Foix, du Roussillon, de la Cerdagne, de Narbonne et de Carcassonne, etc., etc. On y trouve aussi l'éthymologie des noms de lieux et l'archéologie complète des Pyrénées françaises et espagnoles. Il existe une édition illustrée dans le format in-8° de cette intéressante publication (4 vol. in-8° 1860).

965. Cervini (J.-A.) Voyage pittoresque dans les Pyrénées françaises et dans les départements adjacents, collection de 72 gravures représentant les sites, les monuments et les établissements remarquables du Pays basque, de la Navarre, du Béarn, du Bigorre, des comtés de Comminges et de Foix, et du Roussillon, d'après les dessins de Melling, avec texte rédigé sur les lieux mêmes, contenant,outre l'itinéraire et la description de toute la contrée, de nombreux détails sur l'industrie, le commerce, les usages locaux, les costumes et les mœurs des habitants, *Paris*, 1826-30, in-f° oblong (72 vues hors texte).

> Cet ouvrage renferme 12 vues de l'Ariège avec texte : Ancien évêché de Saint-Lizier. — Grotte du Mas-d'Azil. — Vue de la ville de Foix. — Forge et manufacture de faux dans la vallée de la Barguillère. — Les rives de l'Ariège au sud de Tarascon. La grotte de Bédeillac, vallée de Saurat. Site de mines de Rancié, vallée de Vicdessos. — Etablissement thermal d'Ussat, près Tarascon. — Bassin de l'Ariège entre Lassur et Luzenac. — La ville d'Ax. maisons de bains. — Fontestorbes, près Bélesta, canton de Lavelanet. — Château de Lagarde. canton de Mirepoix.

966. Chapuy. Cathédrales françaises avec un texte historique et descriptif par Du Mège, de La Haye et Jolimont, in-4° papier velin, planches *sur chine*. **Paris**, 1826-1336.

> La description de la cathédrale de Pamiers contient 16 pages de texte et 5 planches.

967. Charpentier (J. de). Essai sur la constitution géognostique
des Pyrénées. *Paris. Levrault*, 1823, in-8°.

> Travail intéressant pour l'Ariège. Constitution physique des
> Pyrénées. — Disposition des divers terrains. Description
> détaillée de chacun des terrains.

968. Château de Pau (Le). Description et historique depuis les
• temps les plus reculés jusqu'à nos jours, avec un abrégé
historique de Bigorre, Marsan, Armagnac, Comté de Foix
et Béarn. *Pau, Garet*, 1883, in-12 de 209 pages.

> Mme E. O. est l'auteur de cet ouvrage, dans lequel on parle
> de la maison de Foix et de ses comtes.

969. Chaumont (de). Pyrénées et les Alpes. Descriptions et
curiosités de la Suisse, de la Savoie, de la Navarre, du
Béarn, de Bigorre et du Comminges. *Limoges,* in-4°, quantité de gravures hors texte.

> Il est question du comté de Foix dans cet ouvrage.

970. Chausenque. Les Pyrénées, ou voyages pédestres dans
ces montagnes, *Paris*, 1854, 2 vol in-8° avec une carte et
quelques vues des Pyrénées. *Paris, Lecointre et Pougin*.

> Les 150 premières pages du tome II sont consacrées à la
> description du comté de Foix et du Couserans.

971. Chauvet (Dr). Eaux minérales de France, situation, composition, indications thérapeutiques, *Lyon, A. Storck, Paris,
G. Masson*, 1893, in-8° avec planches coloriées.

> L'auteur a groupé les stations thermales par région. La pre-
> mière région, celle des *Pyrénées*, comprend sept départements
> parmi lesquels figure *l'Ariège*.

972. Chemin de fer du Noguerra-Pallaresa (Partie de la
ligne internationale de Saint-Girons à Lérida) étude suc-
cincte sur les conditions économiques de cette ligne et les
bénéfices que rapportera son immédiate construction,
publiée par ordre de la junte de défense des intérêts économiques de la province de Lérida, et rédigée par don Francisco Prato y Cornell, secrétaire de cette junte. Traduit de
l'espagnol par M. X. conducteur des ponts et chaussées
avec une note préliminaires, par le docteur Bordes-Pagés,
sénateur de l'Ariège. *Foix, Pomiès*, 1893, in-12.

> Voir Ferro Carril de Noguerra Pallaresa.

973. **Commanville** (abbé de) ***Prêtre du diocèse de Rouen.*** Tables géographiques et chronologiques de tous les archevêchés et évêchés de l'Univers. *Rouen, Ant. Maurry*, 1700, in-8° 378 et 275 pages.

> Ouvrage contenant l'Etat de l'Eglise Latine et Grecque, depuis les temps anciens jusqu'au règne de Louis XIV, leurs érections, unions, tran-lations, suppress'ons, prérogatives, revenus, etc. Avec des tables alphabétiques très amples, des noms latins et des noms vulgaires. Il y est fait mention des évêchés de Pamiers, Saint-Lizier et Mirepoix.

974. **Compilation** d'auguns priviledges, règlemans deu Pays de Bearn feyts et octroyats à l'intercession deus Estats ab los serments de Fidelitat deus Seignors à soos subjets, et per reciproque deus subjets à loor Seignour. A Orthès, chez Jacques Rouyer, imprimeur du Roy et des Estats généraux du Païs. 1676, in-4°.

> Par le premier article des *Fors* et coutumes du Pays de Béarn, il était établi que les seigneurs souverains dudit pays devaient, à leur avènement, jurer et promettre à leurs sujets « de leur estre bons seigneurs et maistres, de les maintenir en leurs coutumes, privilèges et libertez. » Par l'article 8 desdits *Fors*, les sujets étaient obligés à chaque mutation du Seigneur, « de lui faire hommage et prester serment de fidelité. » Ce sont ces actes que l'on trouve en tête des privilèges et règlements du pays de Béarn. Nous y avons relevé les « jurements » de Mathieu, comte de Foix (1393); Gaston, comte de Foix (1436); Catherine, reine de Navarre, comtesse de Foix (1484). En ce qui concerne les privilèges généraux et communs du pays de Béarn cet ouvrage peut être consulté avec utilité.

975. **Concilium provinciæ Tolosanæ**, in urbe Tolosa habitum, anno Domini M. DCCCL. *Toulouse, Douladoure*, 1851.

> Cet ouvrage intéresse le diocèse de Pamiers, compris dans la province ecclésiastique de Toulouse.

976. **Congrès international d'hydrologie et de climatologie.** Compte rendu de la première session tenue à Biarritz, en 1886. *Paris, Doin*, libraire, 1887. gr. in-8.

> On y trouve des indications sur les sources thermales de l'Ariège.

977. **Couget** (Alphonse). Les Etats du Nébouzan, tenus à Saint-Gaudens en 1743 et 1789. Réunion à Muret des Etats de Comminges, Nébouzan et Couzerans (1) pour élire les députés aux Etats généraux de 1789, avec appendices et catalogue de la composition des Etats.

---

(1) Le Couserans était une petite province située en Gascogne. Il forme aujourd'hui l'arrondissement de Saint-Girons.

978. **Couget** (A). Comment, au xiie siècle, le comte de Toulouse et le comte de Foix donnèrent satisfaction aux abbayes qu'ils avaient dépouillées. 14 pages et 1 planche. Sans lieu ni date.

979. **Courrier de Paris dans les Provinces** (Le), et des provinces à Paris. Revue fondée en 1777.

> Documents intéressants sur les affaires civiles et religieuses des Provinces. Il est souvent question du pays de Foix, des diocèses de Mirepoix et du Couserans dans cette Revue périodique.

980. **Cros-Mayrevieille.** Histoire du comté et de la vicomté de Carcassonne, précédée de recherches sur Carcassonne et son territoire sous les Volkes, les Romains, les Wisigoths et les Sarrazins. *Paris, Dumoulin*, 1846, 2 vol. in-8°.

> Intéressant pour l'histoire et la généalogie de la Maison de Foix.

981. **Culte de la Vierge en France.** Ouvrage grand in-8° publié par fascicules avec illustrations.

> Foix et Roussillon forment un fascicule.

982. **Curie-Seimbres.** Essai sur les villes fondées dans le sud-ouest de la France, au xiiie et xive siècle, sous le nom générique de Bastides. Ouvrage dont la première partie a été couronnée par la Société archéologique du midi de la France. *Toulouse, E. Privat*, 1880, in-8° de 424 pages.

> On trouve mentionnées dans cet ouvrage 11 localités du département de l'Ariège.

D

983. **Darsuzy** (Gésa). Les Pyrénées françaises. *Paris, Schleicher frères*, éditeurs, rue des Saints-Pères, 16, 1899, in-12 avec gravures.

> Historique de l'homme des montagnes et des lacs ; étude des hauts sommets ; géologie, faune, flore, légendes et industrie des Pyrénées. Dans la description des villes d'eaux l'auteur parle des propriétés curatives des sources d'Aulus, Ax, Ussat et Audinac.

984. **Daubrée.** Note sur l'existence de gisements de bauxite dans les départements de l'Hérault et de l'Ariège. *Paris*, 1868, in-8°.

985. **Davila**. Histoire des guerres civiles de France, traduit de l'italien en français par Mallet, avec des notes, *Amsterdam* et *Paris*, 1757, 3 vol. in-4°.

> Nombreux et intéressants détails sur les évènements politiques et les guerres de religion dont le pays de Foix a été le théâtre au xvi° et xvii° siècles.

986. **Deffaite** (La) des troupes dv dvc de Rohan, par Monsievr le dvc de Montmorancy. à Paris, chez Jean Brvnet, M.DC.XXVII.

> Petite plaquette de 8 pages dans laquelle il est fait mention du pays de Foix.

987. **Délices**, (Les) de la France, ou description des provinces, villes principales, maisons royales, châteaux et autres lieux remarquables de ce beau royaume. *Leide*, 1728, 3 vol. in-12, cartes, plans et vues de ville.

> Contient une petite description sur le comté de Foix.

988. **Delsol**. Gouvernement de la défense nationale. Rapport sur la ligne du sud-ouest. *Toulouse*, 1874, in-4°.

> Histoire de la tentative séparative, faite pendant la guerre par la Ligue du sud-ouest, organisant un gouvernement spécial dans les départements de la Haute-Garonne, Tarn, Aude, Lot-et-Garonne, Gers, *Ariège*, Pyrénées, Gard, Hérault, etc., etc.

989. **Description générale et particulière de la France** (ou Voyage pittoresque de la France avec la description de toutes les provinces. Ouvrage national dédié au Roy ; orné d'un grand nombre de gravures exécutées avec le plus grand soin d'après les dessins des meilleurs artistes par une Société de gens de lettres (B. de la Borde, Béguillet, Guettard, etc.) *Paris, Lamy et D. Pierres*, 1871-84, 10 vol. in-f°, fig.

> Le fascicule relatif au comté de Foix contient 58 pages de texte, 4 planches et 1 carte.

990. **Deslandes**. Réflexions sur les grands hommes morts en plaisantant. *Amsterdam*, 1776, in-12 de 304 pages.

> Ouvrage anecdotique très curieux dans lequel il est parlé de P. Bayle.

991. **Dibdin** (Crév. Frognall). Voyage bibliographique, archéologique et pittoresque en France, traduit de l'anglais avec des notes, par Licquet. *Paris, Crapelet*, 1825, 4 vol. in-8° fig.

> L'auteur parle très peu de l'Ariège dans son ouvrage.

992. **Dictionnaire universel de la France**, contenant la description géographique et historique des provinces, villes, bourgs et lieux remarquables du royaume, par Rob. de Hesseln. 1571, 6 vol. pet. in-8°.

Les renseignements donnés sur les villes du comté de Foix sont très succincts.

993. **Dictionnaire géographique**, dans lequel on trouve, par chaque département, les districts et les cantons, l'étendue, la population, les bureaux de poste et leur taxe, les manufactures, etc., etc., par une société de géographie, *Paris, an II de la République* in-8°.

Il est fait mention de l'Ariège dans cet ouvrage.

994. **Dictionnaires topographiques** de la France, comprenant les noms des lieux anciens et modernes. *Paris*, 1861-84, 89 vol. in-4°.

L'Ariège forme le 4° volume de cette publication, imprimée à deux colonnes.

995. **Dictionnaires topographiques des départements de la France**, comprenant les noms des lieux anciens et modernes. *Paris, imprimerie impériale et nationale*, 1862-1891.

Le 4° fascicule de cette publication faite par départements concerne l'Ariège.

996. **Dietrich** (baron). Description des gîtes de minerai et des bouches à feu de la France. *Paris, Didot*, 1786, 3 vol. in-4°.

Le premier volume de ce remarquable ouvrage concerne les Pyrénées, et près de 300 pages sont consacrées aux richesses minérales et aux forges du comté de Foix, du Couserans, du Donnezan et du pays de Comminges.

997. **Dognon.** Les Armagnacs et les Bourguignons, le comté de Foix et le Dauphin en Languedoc. *Toulouse, Privat*, et *Paris, Picard*, 1889. in-8° de 70 pages.

Extrait des *Annales du Midi.*

998. **Douais** (l'abbé). Cartulaire de l'abbaye de Saint-Sernin (734-1200) publié pour la première fois. *Paris et Toulouse*, 1887, in-4° de 600 pages.

L'abbaye de Saint-Sernin comprenait, dans le comté de Foix, le prieuré de Lieurac, canton de Lavelanet, et ceux de Saverdun et Vicdessos.

999. **Douais** (l'abbé). Acta capitulorum Provincialium ordinis Fratrum prédicatorum. Première province de Provence. Province Romaine. Province d'Espagne 1239-1302. *Toulouse, Privat*, 1894. 2. vol. in-8°

> Chapitre III, Pamiers, pages 330-348.

1000. **Doublet**. (G.) Un chroniqueur ariégeois du xviie siècle. L'abbé J.-J. Delescazes. *Toulouse, Privat*, 1899, in-8° de 32 pages.

> Extrait de la *Revue des Pyrénées*.

1001. **Dralet**. Description des Pyrénées considérées principalement sous les rapports de la géologie, de l'économie politique, rurale et forestière, de l'industrie et du commerce. *Paris, Bertrand*, 1813, 2 vol. in-8° avec cartes et tableaux.

> Publication intéressante donnant des renseignements sur le comté de Foix et le Couserans. L'auteur y parle des forges, des forêts et de l'industrie de ces deux provinces.

1002. **Ducourneau et Monteil**. Histoire nationale des départements de la France. *Paris, Maresq*, 1845, 4 vol. petit in-f°.

> Cette histoire, publiée par provinces, contient une description du département de l'Ariège dans la partie qui a trait au Languedoc.

1003. **Dufour de Longuerue** (Louis). Description historique et géographique de la France ancienne et moderne. *Paris*, 1719 2 tomes en un vol. in-f°.

> Cet ouvrage, fait de mémoire, et par conséquent peu exact, fut saisi par ordre du régent aussitôt qu'il fut publié ; mais il reparut en 1722 avec des cartons et un nouveau titre, ne portant ni le nom de l'auteur, ni celui du lieu d'impression. Les renseignements qu'il renferme sur le comté de Foix sont peu importants et la plupart erronés.

1004. **Dufrénoy et Hélié de Beaumont**. Mémoires pour servir à une description géologique de la France. *Paris*, 1830-1834, in-8".

> L'Ariège est mentionnée dans ce travail.

1005. **Dufrénoy**. De la relation des ophites, des gypses et des sources salées dans les Pyrénées, et de l'époque à laquelle remonte leur apparition *Paris*, 1832 in-8°.

> Ce travail, extrait du *Bulletin de la Société géologique de France*, contient une étude sur l'herzolite et le lac de Lhers (Ariège).

1006. **Dufrenoy**. Mémoire sur la position géologique des pricipales mines de fer de la partie orientale des Pyrénées, accompagné de considérations sur l'époque du soulèvement du Canigou et sur la nature du calcaire de Rancié (Ariège). *Paris*, 1834, in-8° de 50 pages avec planches.

1007. **Dufrenoy**. Modifications éprouvées par les calcaires au contact et au voisinage des roches ignées. *Paris*, 1841, in-8°.

> Dans ce mémoire, les gypses des environs de Saurat sont longuement étudiés.

1008 **Dujardin**. Voyages aux Pyrénées, souvenirs du Midi. *Péret*, 1891, in-12 de 572 pages avec grande carte.

> Dans cet ouvrage, l'auteur parle beaucoup de l'Andorre et très peu de l'Ariège.

1009. **Dulaure**. Description des principaux lieux de France, contenant des détails descriptifs et historiques sur les provinces, villes, bourgs, monastères, châteaux, etc., du royaume remarquables par quelques curiosités de la nature ou des arts, par des événements intéressants et singuliers, etc., accompagnée de cartes, *Paris*, 1788-1789, 5 vol. in-18.

> Ouvrage curieux et peu commun. Il n'a paru que ces cinq volumes ainsi distribués : Tome 1er : Provence, Comtat-Venaissin, principauté d'Orange. — Tome II : Languedoc, Roussillon, Pays de Foix. — Tome III : Guyenne, Gascogne, Béarn, Saintonge et Aunis. — Tome IV : Poitou, Limousin et Marche. — Tome V : Auvergne.

1010. **Durand-Fardel**. Traité thérapeutique des eaux minérales de France et de l'étranger, et de leur emploi dans les maladies chroniques. *Paris*, *Germer-Baillère*, 1858, in-8°.

> Contient des notes sur les eaux minérales de l'Ariège.

1011. **Dussieux**. Nouvelles. *Paris*, 1775-1778. 2 vol in-8°.

> Galerie de portraits féminins. On y trouve la biographie de Françoise .e Foix, comtesse de Chateaubriand.

E

1012. **Expilly** (L'abbé). Dictionnaire géographique, historique et politique de la France. 1763-70, 6 vol. in-f° à 2 col.

> « Ouvrage assez estimé » et dont le tome VI n'est pas commun, dit Brunet. Il a été malheureusement interrompu et s'arrête à la lettre T. Contient d'intéressants détails sur les villes du comté de Foix et du Couserans.

1013. **Explications du maréchal Clauzel** sur les affaires et prise des provinces d'Afrique (Alger, Tlemcem et Constantine). *Paris, Ambroise Dupont,* 1837 in-8°.

1014. **Exposé justificatif** de la conduite politique de M. le Lieutenant-général comte Clauzel, depuis le rétablissement des Bourbons en France jusqu'au 24 juillet 1815, contenant la relation exacte des circonstances qui ont précédé et suivi son entrée à Bordeaux, en qualité de Gouverneur de la IIᵉ division militaire, par LUI-MÊME, avec une carte géographique. *Paris, chez Pillet,* 1816, in-8° de 136 pages.

> Le maréchal Clauzel est né à Mirepoix (Ariège).

F

1015. **Faget de Baure.** Essais historiques sur le Béarn. *Paris,* 1818, gros vol. in-8°.

> Souverains de la race de Clovis. — Etablissement du système féodal au Béarn avant le Xᵉ siècle. — Les Béarnais à la première croisade. etc. — Maison de Moncade, Maison de Foix. — Maison d'Albret. — Maison de Bourbon. — Commencée à l'origine du comté de Béarn, cette histoire s'arrête à l'avènement de Henri IV au trône de France. Appuyée sur des documents originaux, elle donne les détails les plus circonstanciés sur les institutions civiles et politiques, les mœurs, les variations religieuses, etc. Les procès-verbaux de la réunion des Etats de Béarn y sont largement mis à contribution (à citer en particulier, la séance mémorable qui donna le Béarn à la maison d'Albret ; le nom et le vote de chaque conseiller sont rappelés), des lettres historiques y sont reproduites. etc. etc.

1016. **Ferrières.** Traité humoristique et pittoresque des eaux minérales de France. *Paris,* 1896, in-12.

> Il est fait mention dans cet ouvrage des eaux minérales de l'Ariège.

1017. **Ferro-Carril del Noguerra Pallaresa.** Breve estudio sobre las condiciones económicas de esta línea y beneficios que reportará su inmediato construcción. Ordenado por la Junta de défensa de los intereses económicos de la Provincia de Lérida, y redacto por don Francisco Prats y Cornell, secrétario de la Misma. — *Lérida,* tipografia de la Casa de Misericordia. 1893.

> Cette brochure contient les projets de chemins de fer à travers les Pyrénées-Centrales et notamment celui de la ligne de Saint-Girons à Lérida. (Voir les diverses brochures publiées par M. Bordes-Pagés sur le même sujet.)

1018. Fervel (Napoléon). Campagnes de la Révolution française dans les Pyrénées-Orientales et description topographique de cette moitié de la chaîne pyrénéenne, *Paris*, *Dumaine*, 1861. 2 vol. in-8° de 706 pages avec atlas et 15 planches.

Nombreux renseignements sur l'Ariège et les Ariégeois.

1019. Filhol. Eaux minérales des Pyrénées, *Paris*, *Masson*, 1858, in-12.

Ouvrage rempli de précieux renseignements sur les eaux minérales de l'Ariège.

1020. Fisquet (H.) La France pontificale. Histoire chronologique et biographique des archevêques et évêques de tous les diocèses de France, depuis l'établissement du Christianisme jusqu'à nos jours, divisée en 18 provinces ecclésiastiques. *Paris*, 21 vol. in-8".

On trouve dans cette publication d'intéressantes biographies sur les évêques de Pamiers, Mirepoix et Saint-Lizier.

1021. Fisquet. Dictionnaire des célébrités de la France, classées par ordre alphabétique et par départements. *Paris*, 1879, in-8° de 914 pages.

L'auteur fait connaître les noms, prénoms et qualité de chaque célébrité, les diverses fonctions dans le cours de son existence, le lieu, la date de sa naissance et de sa mort. La liste des personnages de l'Ariège est très incomplète.

1022. Fons (Victor). Les monastères cisterciens de l'ancienne province ecclésiastique de Toulouse (*Bellegarde*, *Bolbonne*) *Toulouse*, *Bonnel et Gibrac*, 1867, in-8° de 24 pages.

L'abbaye de Bolbonne était comprise dans le comté de Foix. Extrait de la *Revue de Toulouse*.

1023. Fons (Victor). Les monastères cisterciens de l'ancienne province ecclésiastique de Toulouse. (*Calers*, *Tavnes*). *Muret*, *Marquès*, 1872, in-12 de 16 pages.

L'abbaye de Calers était comprise dans le comté de Foix. Extrait de *l'Hirondelle de Muret*.

1024. Fontan (D[r]) Recherches sur les eaux minérales des Pyrénées, de l'Allemagne, de la Belgique, de la Suisse et de la Savoie. *Paris*, *Baillère*, 1853, in-8°.

Les eaux d'Ax (Ariège) y sont mentionnées.

1025. Fourcade (A). Album pittoresque et historique des Pyrénées. *Paris*, *Albanel*, 1835, in-8°, orné de gravures.

L'Ariège est citée dans cet « Album ».

1026. France pittoresque (La). Publiée par une Société de géographes, d'ingénieurs, d'archivistes et de professeurs. *Paris, Librairie illustrée.* 4 beaux vol. gr. in-8°.

> Ouvrage illustré de costumes dessinés par Gerlier, de vues par Clerget, de plans de villes, de cartes, etc. Nombreuses gravures noires et couleurs. Il est fait à peine mention de l'Ariége dans cette publication.

1027. France (La) artistique et monumentale, ouvrage de grand luxe publié sous la direction de M Henry Havard avec la collaboration de plusieurs savants ; illustré de nombreuses gravures dans le texte et hors texte. *Paris, Le Vasseur et Cie* 1893-1894. 6 vol. in-4°.

> Un intéressant chapitre est consacré à l'Ariège et à ses monuments.

1028. Froissard (Le premier, second, tiers et quart de volume) des chroniques de France, d'Angleterre, d'Escosse, d'Espaigne, de Bretaigne, de Gascogne, de Flandre et lieux circonvoisins. Imprimé à Paris l'an de grâce mil cinq cens et dix huyt (1518), le XIIe jour d'octobre pour Anthoine Verard, demourant devant la rue neufve Nostre-Dame, à l'enseigne Saint Jehan l'Evangéliste, 4 tom. petit in-fol.

> Ouvrage très estimé qui a eu de nombreuses éditions. L'auteur parle souvent, dans sa chronique de France, du Pays et des comtes de Foix, notamment de Gaston Pœbus auprès duquel il fut admis.

G

1029 Gaboriau (Emile). Les cotillons célèbres. *Paris, Dentu, Palais-Royal.* 1861. in-12.

> Galerie de femmes célèbres par leurs amours. L'ouvrage contient le roman historique de Françoise de Foix, mariée en 1509 à Jean de Laval, comte de Chateaubriant. Françoise de Foix, fille de Gaston Phœbus, fut nommée dame d'honneur de la reine de France, et plus tard devint la maîtresse de François Ier.

1030. Gallia Christiana in provincias ecclesiasticas distributa qua series et historia archiepiscoporum et abbatum franciæ vicinarumque ditionum, etc.

> La *Gallia Christiana* contient l'histoire, la géographie, la statistique de chaque province de France, de chaque évéché, avec toutes les paroisses, tous les établissements monastiques et

accessoirement de tout ce qui se rapporte aussi à l'administration ecclésiastique. Le tome Ier renferme l'histoire ecclésiastique de la province d'Auch, de laquelle relevait le diocèse de Couserans (Saint-Lizier). Au tome X[e] figure la province de Narbonne, dont relevait le diocèse d'Alet, qui comprenait le Donnezan (canton de Quérigut). Le tome XVIIIe, est consacré à la province de Toulouse, dans laquelle se trouvaient les diocèses de Pamiers, de Mirepoix et de Rieux. Ce dernier diocèse comprenait les cantons de Saverdun, du Fossat et du Mas-d'Azil, ainsi que les abbayes de Lézat et du Mas-d'Azil.

1031. Garrigou (Adolphe) Ibères, Ibérie. Etude sur l'origine et les migrations de ces Ibères, premiers habitants connus de l'Occident de l'Europe. *Foix*, *Pomiès*, 1884, in-12.

 Il est question dans cet ouvrage de l'origine des peuples primitifs de la vallée de l'Ariège.

1032. Garrigou (Adolphe). Les Sotiates, poème patois en six tableaux avec une introduction historique et des notes explicatives, suivi d'une introduction libre en vers français, du poème patois. *Foix*, *Pomiès*, in-8°, 16 pages.

 L'auteur cherche à démontrer que les Sotiates ont eu la vallée de l'Ariège pour patrie.

1033. Garrigou (Adolphe). 78 ans avant l'ère chrétienne. Première campagne des Romains contre les Sotiates, Euskes ou Aquitains. *Foix*, *Gadrat*, 1889, in-8".

 Dans ses nombreux et intéressants travaux, M. Garrigou place l'oppidum des Sociates dans le comté de Foix.

1034. Garrigou (D[r]). Etude comparative des alluvions quaternaires anciennes et des cavernes à ossements des Pyrénées et de l'Ouest de l'Europe, au point de vue géologique, paléontologique et anthropologique. *Toulouse, Delboy*, 1865, in-12.

 Intéressant travail où il est beaucoup parlé des grottes et de la faune de l'Ariège.

1035. Garrigou (D[r]). Etude de l'étage Turonien du terrain crétacé supérieur, le long du versant Nord de la Chaîne des Pyrénée. *Paris*, 1866, in-8° de 16 pages avec une planche.

 Nombreux renseignements sur la géologie du canton de Foix. Extrait du *Bulletin de la Société géologique de France* (Mars 1866).

1036. Garrigou (D[r]). Divisions fondamentales des eaux thermales des Pyrénées, fournies par la géologie, la chimie, la médecine. *Paris, V. Masson et fils*, 1867. in-12 de 8 pages.

 (Il est question des eaux thermales d'Ax dans ce Mémoire).

1037. **Garrigou** (D^r). Importance des ossements cassés, des gisements paléo-archéologiques et du mode de cassure. *Paris, Hennuyer*, 1867, in-8° de 24 pages.

> Les cavernes de la vallée de Tarascon (Ariège) et leurs dépôts paléontologiques ont fait l'objet de ce travail.

1038. **Garrigou** (D^r). Ophites des Pyrénées, leur origine sédimentaire et métamorphique. *Paris*, 1868, in-8°.

> Travail géologique intéressant pour les Pyrénées et en particulier pour l'Ariège. Extrait du *Bulletin de la Société géologique de France*.

1039. **Garrigou** (D^r). Habitations lacustres du Midi de la France (région pyrénéenne). *Paris*. 1871, in-4° de 4 pages.

> Dans ce mémoire, M. Garrigou prétend que les habitations lacustres abondaient dans l'ancien pays de Foix.

1040. **Garrigou** (D^r). Les glaciers anciens et récents des Pyrénées. Conférence faite à Bordeaux sur la demande de la Société philomatique, *Toulouse*. 1876, in 12.

> Travail géologique fort intéressant de l'époque glaciaire pyrénéenne. La vallée de l'Ariège y occupe une large place.

1041. **Garrigou** (D^r). Mémoire relatif aux sources thermales d'Eaux-Bonnes, *d'Ax*, de Luchon, *d'Aulus*, de Capvern, de Saint-Boès, de Challes, etc. *Toulouse, Pradel, Viguier et Cie*, 1877, in-8° de 56 pages.

1042. **Garrigou** (D^r). Sur les anciens glaciers des Pyrénées, (avec une planche), *Toulouse*, 1878, in-12 de 16 pages.

> L'Ariège est mentionnée dans cette étude. Extrait du *Bulletin de la Société d'histoire naturelle de Toulouse* (1878).

1043. **Garrigou** (D^r). Compte rendu du Congrès d'hydrologie et de climatologie de Biarritz en 1886. *Toulouse*, 1886, in-8 de 664 pages.

> Renseignements divers sur l'hydrologie de l'Ariège.

1044. **Garrigou** (D^r). Les eaux potables des vallées de l'Ariège et de la Garonne, leur origine, les filtres de la ville de Toulouse (*lecture faite à l'académie des sciences, inscriptions et belles lettres de Toulouse le 21 janvier 1792*.

> Voir les ouvrages du Dr Garrigou, cités à la première partie du catalogue.

1045. Gaston de Foix et Baïard, tragédie par M. de Belloy, citoyen de Calais, suivie de notes historiques. *A Paris, chez la veuve Duchesne, libraire*, rue Saint-Jacques, au-dessous de la Fontaine Saint-Benoit, au temple du Goût. M.DCC.LXX, avec approbation et privilège du roi.

Les notes qui ont été publiées à la suite de la tragédie peuvent être utilement consultées pour les hauts faits d'armes qui se rapportent à Gaston de Foix et au chevalier Bayard.

1046. Gaston de Foix. Voir Montpezat (de), *Gaston de Foix ;* Loyal Serviteur, *Histoire de Bayard ; Gaston de Foix et Bayar ;* V. (de) *l'Amour suivi des Regrets ;* Thévet, *Les vrais portraits ;* Auvigny, *Vie des hommes illustres ;* Vignacourt, *Gaston de Foix ;* Willyamor, *Léonore de Grailly et Gaston de Foix ;* Hardy, *Les Français en Italie.*

1047 Généalogie des vicomtes de Lomagne et de la Maison de Foix, 1801.

1048. Gensanne. Histoire naturelle de la province du Languedoc, partie minéralogique et géoponique. *Montpellier* 1776-79, 4 vol in-8°.

Ouvrage intéressant les mines, charbons, forges, eaux thermales, carrières de plâtres, etc. Dans le III volume, il est question des diocèses de Mirepoix, d'Alet et de Rieux.

1049. Géographie pittoresque et monumentale de la France. *Paris, Flammarion* 1899. 5 vol. grand in-8° avec illustrations et cartes.

Description de la France par départements. Une livraison de 16 pages a été consacrée à l'Ariège.

1050. Girault de Saint-Fargeau. Bibliographie historique et topographique de la France. *Paris*, 1845, in-8°.

Catalogue de tous les ouvrages imprimés en français du xv siècle à avril 1845, classés: 1° par ordre alphabétique des anciennes provinces ; 2° par départements formés desdites provinces ; 3° par ordre alphabétique des villes, bourgs ou villages compris dans ces différents départements, contenant les titres d'environ 12,000 ouvrages dont plus de 1,800 relatifs aux préliminaires généraux de l'histoire de France, l'indication d'environ 2,000 cartes de France, plans des principales villes, plus de 12,000 ouvrages concernant spécialement la ville de Paris, une table générale des auteurs, une table géographique pouvant servir de table des matières.

Il est fait mention de quelques ouvrages sur l'Ariège dans cette publication.

1051. **Giraud-Soulavie** (l'abbé). Histoire naturelle de la France méridionale. Minéralogie. *Nîmes*, 1780-1784, 7 vol. in-8°.

> Nombreux renseignements sur la minéralogie de l'Ariège.

1052. **Gobet**. Les anciens minéralogistes du royaume de France, avec des notes, 1779, 2 vol. in-8°.

> Recueil important et rare qui contient la réimpression d'ouvrages du xvie siècle sur les minières des provinces de France, tels que les recherches de J. Malus sur les mines des Pyrénées, les œuvres de la baronne de Beausoleil, le traité de Michel de Serres sur les mines du Dauphiné, etc.
>
> Très utile à consulter pour l'histoire de la métallurgie dans le Comté de Foix et le Couserans.

1053. **Gourdon de Genouillac**. Dictionnaire des fiefs, seigneuries, châtellenies de l'ancienne France. *Paris*, 1862, gros volume, in-8° de 568 pages à 2 colonnes.

> Contient les noms des terres et ceux des familles qui les ont possédées, leur situation provinciale, les dates de possession, de transmission ou d'érection en terres titrées, etc., etc.
>
> Cet important ouvrage renferme environ 20,000 noms parmi lesquels on trouve de nombreux renseignements sur les anciennes familles nobles du pays de Foix.

1054. **Grande** (La) méchanceté descouverte des sorciers et sorcières, avec le nombre de celles qui ont esté pendues et bruslées tant dans la place du Salin à Toulouse qu'ès ville de Foix, Pamiers, Bagnères et autres lieux et places dépendans du ressort du Parlement de Toulouse. *Imprimé à Toulouse par Louis La Vignette en 1644.*

1055. **Grenier-Fajal** (de). Le Synode de Réalmont en 1606 d'après le registre original et inédit. *Montauban, J. Grané et Cie*, 1883, in-8° de 46 pages.

> Intéressant travail pour l'histoire de l'église réformée dans le Comté de Foix.

1056. **Gua de Malves** (l'abbé). Projet d'ouverture et d'exploitation des minières et mines d'or et d'autres métaux aux environs du Cézé, du Gardan, de l'Eraut, de la Comté de Foix, du Rouergue, etc. *Paris*, 1764, in-8° de 150 pages avec planches.

> Ouvrage rempli de renseignements sur les richesses minières du Comté de Foix.

1057. **Guettard**. Atlas et description minéralogique de la France. *Paris*, 1780, 2 vol. in-f°.

> On trouve dans cette publication l'histoire naturelle des minéraux du Comté de Foix et du Couserans.

1058. Guide du Baigneur et du Touriste. (Eaux minérales, bains de mers, stations hivernales, villes de plaisance). *Paris*, in-4° avec illustrations.

Ce dictionnaire, publié pour la première fois en 1880, a deux éditions annuelles. Il contient une notice sur toutes les stations thermales de l'Ariège.

1059. Guide médical aux eaux des Pyrénées. par le syndicat des médecins des stations pyrénéennes. *Paris*, 1896, in-12.

Les stations thermales d'Ax et d'Ussat sont mentionnées dans le *Guide médical*.

1060. Guide pittoresque du voyageur en France, contenant la statistique et la description complète des 86 départements, par une Société de gens de lettres, de géographes et d'artistes. *Paris, Didot*, 1838, 6 forts vol. in-8°.

Trente-deux pages seulement ont été consacrées au département de l'Ariège.

1061 Guilbert (Aristide). Histoire des villes de France avec introduction et un résumé général pour chaque province, ornée de 100 gravures sur acier, 113 armoiries coloriées de villes, et cartes. *Paris, Furne*, 1853 6 volumes grand in-8°.

Le tome II de cette publication contient l'histoire du comté de Foix et de ses villes, Foix, Pamiers, etc., et du Couserans.

1062 Guillon. Les complots militaires sous le Consulat et l'Empire. *Paris, H. Plon*, 1894, in-12.

Cet ouvrage est d'un grand intérêt pour tous ceux que passionne l'étude de l'épopée impériale, car il renferme des documents fort intéressants. Les Ariégeois y trouveront des détails historiques sur le général Laffitte, né à Saurat (Ariège) en 1772, et sur le général Sarrut, né à Saverdun (Ariège) en 1764.

H

1063 Haag. La France protestante ou vies des protestants français qui se sont fait un nom dans l'histoire depuis la réformation jusqu'à la renaissance du principe de la liberté des cultes par l'Assemblée nationale. *Paris, Cherbuliez*, 1847-60. 8 volumes in-8°.

Livre curieux contenant des renseignements sur les guerres de religion dans le comté de Foix.

1064 Hansy (de). Les derniers jours du jardin du roi et la fondation du musée d'histoire naturelle. *Paris, imprimerie nationale*, 1893, in-4°.

Il est beaucoup question de l'ariégeois Lakanal qui sauva le Jardin des Plantes et contribua à la fondation du muséum d'histoire naturelle.

1065 Hardy (E.). Les Français en Italie, de 1494 à 1559. *Paris,* 1880, in-4°.

Le chapitre IV de cet ouvrage traite des faits de guerre de Gaston de Foix.

1066 Hébert. Le terrain crétacé des Pyrénées. *Paris*, 1867, in-8°.

Cet extrait du *Bulletin de la Société géologique de France* renferme une étude géologique des environs de Foix.

1067 Herbin (P.-E.). Statistique générale et particulière de la France et de ses colonies, avec une nouvelle description topographique, physique, agricole, politique, industrielle et commerciale de cet état. *Paris*, 1803. 7 volumes in-8°.

Le fascicule relatif à l'Ariège est composé de 48 pages.

1068 Histoire des Albigeois et gestes de Simon de Montfort, décrite par Pierre des Vallées-Sernay, et rendue du latin en français par Arn. Sorbin. *Tolose, Arnaud et J. Colomiès*, 1568, in-8°.

Très intéressant pour l'histoire des guerres de religion dans le pays de Foix. P. de Vaux-Cernay fut le premier témoin oculaire des faits qu'il raconte, et son livre, écrit originairement en latin, est un des documents les plus précieux et les plus communément consultés sur la guerre des Albigeois.

1069 Histoire des Conseils de guerre de 1852, ou précis des événements survenus dans les départements à la suite du coup d'Etat de décembre 1851. *Paris, Décembre-Allonnier*, 1869, in-12.

Les renseignements sur l'Ariège portent que 6 personnes, détenues dans les prisons de Foix par suite des événements de décembre, ont été mises en liberté. Pescaire et Pilhes se sont évadés des prisons de Foix. Le 20 mars, les condamnés à la transportation en Algérie sont partis de Foix.

1070 Historiarum Galliæ ab excessu Henrici IV libri XVIII quib. rerum per Gallos totâ Europâ gestarum accurata narratio continetur autore Gabr. Barth. Gramondo in Parlam. Tolosano præside. *Tolosæ, Arn. Colomerius*, 1643, in f°.

Ouvrage estimé et peu commun contenant des détails curieux sur les guerres de religion dans le pays de Foix et le Midi de la France.

1071. Historia prostratæ à Ludovico XIII sectariorum in Gallia rebellionis aut. Gab. Barthol. Gramoundo in suprema Tolosatum curia senat. regio. *Tolosæ, P. Bosc*, 1623, in-4°, front. et port. gravés par **J.-C. Lasne.**

> Renferme quelques renseignements sur les guerres de religion dans le Comté de Foix sous Louis XIII.

1072. Histoire de nostre temps contenant le recueil des choses mémorables passées et publiées pour le faict de la religion et estat de la France depuis la publication de l'édict de janvier 1561 jusques à la déclaration faicte par le roy de sa majorité, 1563 Second volume. 1566. In-16.

> Ce volume contient les événements de 1561 à 1563 et forme une partie complète. C'est l'édition originale du recueil connu sous le nom de *Petits mémoires de Condé.*
> Il est parlé du Comté de Foix dans cet ouvrage.

1073. Histoire du différend d'entre le pape Boniface VIII et Philippe-le-Bel, roy de France, où l'on voit ce qui se passa touchant cette affaire, depuis l'an 1296 jusques en l'an 1311, sous les pontificats de Boniface VIII, Benoist XI et Clément V, ensemble le procès criminel fait à Bernard, évesque de Pamiez, l'an MCCXCV, le tout justifié par les actes et mémoires pris sur les originaux qui sont au trésor des chartes du roy. *Paris, Sébastien Cramoisy*, MDCLV, in-4°.

> Texte latin.

1074. Histoire (l') illustrée des pèlerinages français de la Très Sainte Vierge, par le R. P. Drothan. *Paris, H. Plon et Cie*, 1890, gr. in-8° de 1280 pages, contenant 420 gravures.

> Contient les monographies de plus de 1400 sanctuaires, groupés par provinces et par diocèses. La liste des pèlerinages du diocèse de Pamiers est complète.

1075. Hozier (d'). Armorial général de France. *Paris*, 1736-1768, 10 vol. in-f°.

> Cet ouvrage, qui a eu plusieurs éditions, renferme des renseignements précieux sur la noblesse française et les armoiries des villes. Utile à consulter pour la description héraldique des armes concédées aux villes et communautés du Comté de Foix.

1076. Hozier (d'). Armorial général de la France. *Paris*, 1865-73, 25 vol. in-f°.

> Répertoire le plus vaste et le plus complet qui existe, contenant la filiation des familles nobles de la France avec preuves à l'appui, depuis leur origine jusqu'en 1768. Cet armorial a pour les familles

qui y sont inscrites l'avantage de constater, d'une manière irré-
futable, l'état de leur noblesse et de réparer les pertes que
beaucoup d'entre elles ont faites de leurs titres. On y trouve de
plus les blasons gravés ainsi que ceux des familles avec lesquelles
elles sont alliées, la description des armoiries et la devise, avec
les tableaux généalogiques; une table des noms de familles suivie
de celle des noms de terres en rendent les recherches très faciles.

Notices sur les grandes familles de l'Ariège.

1077. **Hugo** (Abel). La France pittoresque ou description historique, topographique et statistiqué des départements et
colonies de la France, ornée de très nombreuses gravures et
cartes. *Paris*, 1835, 3 vol. gr. in-8°.

Le tome Ier renferme d'intéressants détails sur l'Ariège.

I

1078. **Indicateur des armoiries** des villes, bourgs, villages,
monastères, communautés, corporations, etc., contenues dans
l'armorial de d'Hozier. *Paris*, 1879, in-8°, de 191 pages.

Ouvrage publié par Ulysse Robert, classé par ordre alphabétique et divisé par provinces, source inépuisable de renseignements
précieux d'une utilité incontestable pour l'étude de l'ancienne
France.

Les armoiries des villes de l'Ariège y sont mentionnées.

1079. **Inventaire** de documents relatifs aux querelles religieuses.
Cabinet historique. *Paris*, 1869, in-8°.

Utile à consulter pour l'histoire des guerres de religion dans
le Comté de Foix.

1080. **Inventaire** des monuments mégalithiques de France. *Paris*,
1880, in-8°, 70 pages.

Non mis dans le commerce. Contient la liste par département
de ces monuments avec l'indication du genre et du lieu où ils
sont situés.

L'Ariège est signalée dans cet ouvrage.

1081. **Inventaire** général des richeses d'art de la Franc. Paris,
monuments civils et religieux, 4 vol. Province; monuments
civils et religieux, 5 vol. Archives du musée des monuments
français, 2 vol. *Paris*, *Plon*, 11 vol. in-4° 1877-1889.

Il est fait mention des monuments remarquables et œuvres
d'art de l'Ariège dans cet ouvrage.

J

1082. Jacquot (A.). Itinéraire de France, d'Alsace-Lorraine, du Grand Duché de Bade, de Suisse et de la Haute-Italie, à l'usage des vélocipédistes. VIe région : Pyrénées. *Bordeaux*, dans les bureaux du veloce-sport. 1890, in-12° avec carte.

> L'itinéraire des Pyrénées comprend les chapitres suivants qui intéressent l'Ariège : Auch à Foix, Muret à Saint-Girons, Montauban à Foix, Castelnaudary à Foix, Saint-Gaudens à Foix, Saint-Girons à Carcassonne, Foix à Narbonne, Foix à Perpignan, Foix à Puicerda.

1083. Jarriaud (Emile). Histoire de la Novelle 118 dans les pays de droit écrit depuis Justinien jusqu'en 1789. Etude sur le régime des successions au Moyen Age dans le Midi de la France. *Paris, Grard et Jouvé*, 1889, in-8° de 438 pages.

> Cet ouvrage fait connaitre l'histoire du régime successoral dans le sud-est de la France, notamment dans le ressort du Parlement de Toulouse, dont faisait partie le Comté de Foix avec toute la circonscription du présidial de Pamiers. M. Jarriaud a fait une étude synthétique sur la nature et le caractère des coutumes méridionales, dont il a dresé une nomenclature par pays. (Pour l'Ariège, voir la liste des chartes de coutumes pages 214-215 et un passage relatif à nos coutumes page 296).

1084. Joanne (Paul). Itinéraire général de la France. Les Pyrénées. *Paris*, 1897, 2 vol. in-12°, contenant 9 cartes, 3 plans et 8 panoramas.

> On trouve dans ce *guide* la description sommaire, mais bien faite, des villes et vallées de l'Ariège, que l'auteur fait traverser aux touristes des Pyrénées.

1085. Joret (Ch.) Basville et l'épiscopat de Languedoc. *Toulouse*, 1855, in-8°.

> Notices et pièces justificatives sur le diocèse de Mirepoix.
> Extrait des *Annales du Midi*.

1086. Jourdan (Justin). Atlas-guide des Pyrénées.

> Contient une description du Comté de Foix et du Couserans.

L

1087. Laborgne (l'abbé). Recueil de légendes inédites. *Carcassonne*, 1888, in-8e.

> Six légendes, dont trois se rapportent à l'Ariège.

1088. **Labouche** (Paul). Pyrénées connues et inconnues. Entre les deux Mers. *Toulouse, Privat*, 1890, in-8ᵉ de 36 pages.

> Dans cet itinéraire on trouve la description de plusieurs parties de l'Ariège et le récit de l'ascension à plusieurs pics de notre région.
> (Extrait de la *Revue des Pyrénées.)*

1089. **La Boulinière**. L'itinéraire des Pyrénées Françaises. *Paris*, 1825, 3 vol. in-8°.

> L'auteur ne s'occupe que très incidemment de l'Ariège ; il donne un petit précis sar les diverses dynasties des Comtes de Foix.

1090. **Labrouche**. Excursion de Perpignan à Foix. *Bordeaux*, 1883, in-8ᵉ, 28 pages.

1091. **Labroue** (Emile). Le livre de vie ou les seigneurs et les capitaines du Périgord Blanc au xivᵉ siècle, *Bordeaux, Gounouilhou*, 1893, in-4° de 457 pages avec gravures.

> L'auteur raconte l'histoire peu connue d'une foule de seigneurs et de capitaines routiers du Périgord ; il s'occupe de quelques personnages du comté de Foix, entre autres : Gaston-Phœbus, comte de Foix et le Captal de Buch, Jean de Grailly, qui acquit par mariage, le comté de Foix en 1398. Ce dernier prit part aux sièges de La Linde et de Bergerac, sous Charles V et aux principaux événements militaires de cette époque.

1092. **Labroue** (Emile). Bergerac sous les anglais. Essai historique sur le Consulat et la communauté de Bergerac au moyen âge. *Bordeaux, Gounouilhou, et Paris, J. Rouam*, 1893. Petit in-4° de XV-231 pages, avec figures.

> Cette publication qui relate les évènements militaires accomplis en Périgord pendant la guerre de cent ans, fournit d'utiles renseignements sur *Roger-Bernard* de Foix, vicomte de Castelbon, fils de Gaston Iᵉʳ comte de Foix ; *Isabelle de Foix*, épouse de Jacques de Pons et de Bergerac ; le *baron de l'Isle-Jourdain*, époux de Marguerite de Foix. Ce dernier personnage et Roger-Bernard prirent part à la première bataille de la guerre de cent ans livrée sous les murs de Bergerac en 1345, un an avant Crécy. Il y est aussi question du seigneur de Lévis de Mirepoix qui fut tué au siège de Bergerac.

1093. **Labroue**. A travers les Pyrénées Thermales. *Bordeaux, Perret*, 1899, in-8° de 250 pages avec illustrations.

> Dans la 3ᵉ partie de cet ouvrage, l'auteur parle de : Saint-Girons, Aulus, Audinac, Ax-les-Thermes, Ussat, Tarascon, Bédeillac, Foix, l'Herm, le Mas d'Azil.

1094. **Lafagette** (Raoul) La Renaissance romane. *Paris Fischbacher* 1890, in-8° de 124 pages.

Cet ouvrage contient les articles de la polémique qui s'est élevée à la suite de la réunion des Félibres d'Aquitaine à Foix, en mai 1890.

1095. **Lakanal**. Rapport sur J.-J. Rousseau fait au nom du Comité d'instruction publique dans la séance du 29 fructidor an II. *Paris, imprimerie nationale.*

Imprimé par ordre de la *Convention Nationale* et envoyé aux départements, aux armées et à la République de Genève. Voir *Lakanal*, première partie du catalogue.

1096. **Lamésangère** (de) Galerie française de femmes célèbres par leurs talents, leur rang ou leur beauté. Portraits en pied dessinés par M. Lanté, la plupart d'après des originaux inédits gravés par M. Gatine et coloriés. Avec des notices biographiques et des remarques sur les habillements *Paris, Crapelet*, 1827, gr. in-4° avec 45 gravures coloriées.

Cet ouvrage contient une notice de Françoise de Foix , comtesse de Chateaubriant.

1097. **Lapeyrouse** (Baron de). Supplément à l'histoire abrégée des plantes des Pyrénées. *Toulouse*, 1818, in-8°.

Renseignements sur la flore ariégeoise.

1098. **Laporte** (abbé de). Le voyageur français. *Paris*, 1675-1795, 42 vol. in-12.

On trouve la description du comté de Foix dans le 25° volume.

1099. **Laporte**. Les Pyrénées sac au dos. *Paris* , in-8° avec gravures.

Il est fait mention de l'Ariège et de l'Andorre dans cet ouvrage.

1100. **Lasserre** (Abbé J.-T.) Curé d'Alet-sur-Aude. Recherches historiques sur la ville d'Alet et son ancien diocèse. *Paris*, 1877, in-12.

Il est question dans cet ouvrage de diverses localités de l'Ariège qui relevaient du diocèse d'Alet, tels que l'ancien Donnezan (canton de Quérigut) ou qui payaient des redevances à l'Evéque, telle que Varilhes.

1101. **Lassus** (de). Guerres au xviii° siècle sur les frontières de Comminges, du Couserans et des quatre vallées. *Paris, Champion*, 1895. 3ᵉ édition, in-12.

Ouvrage rempli de documents curieux sur les événements qui se sont passés dans le Couserans au xviii° siècle.

1102. **La Vallée** et **Brion** (père et fils). Voir Voyage dans les 102 départements de la France.

1103. **Lavigne** (B.) Histoire de l'insurrection royaliste de l'an VII, d'après les documents officiels existant dans les archives des départements insurgés, *Paris, E. Dentu* éditeur, 1887, in-18.

> Contient l'histoire de l'insurrection royaliste dans les départements de l'Ariège, de la Haute-Garonne, du Gers, de l'Aude, du Tarn, du Lot et du Lot-et-Garonne. M. Lavigne parle de l'abbé Duclos, auteur de *l'Histoire des ariégeois.*

1104. **Legendre** (Louis). *Chanoine de l'église de* **Paris.** Vie du cardinal d'Amboise, premier ministre de Louis XII, avec un parallèle des cardinaux célèbres qui ont gouverné des Estats. *Rouen*, 1724, in-4° de 564 pages avec gravures.

> On trouve dans ce livre une foule de détails et de renseignements curieux sur la noblesse et la société du règne de Louis XII. Dans la liste des personnages cités figurent les noms de Jean de Foix, Gaston de Foix et ses merveilleux exploits, Germain de Foix, son aversion pour les Français, etc., etc.

1105. **Lelong.** Bibliothèque historique de la France, *Paris*, 1778, in-f°, nouvelle édition revue par Fevret de Fontette.

> Le tome V contient les additions et la table géographique des provinces, villes, abbayes, etc., table chronologique, table des personnages, des manuscrits, des auteurs, etc., dont il est parlé dans cette bibliothèque, qui mentionne à peine le comté de Foix.

1106. **Léonard** (Joseph). Résumé de l'histoire du Roussillon (Pyrénées-Orientales) ; du comté de Foix (Ariège) ; du Bigorre (Hautes-Pyrénées) et autres provinces. *Paris, Lecointe et Durey*, 1825, in-32.

> De la collection des résumés de l'histoire de France par provinces.

1107. **Levére** (Victor). Flous del Mietchoun, amassados dins naou départomens, per dex félibres de l'Atheneo des Troubaïres, foundat e dirigeat à Toulouso per M. Bitor, Lébero. *Toulouse* et *Paris*, 1888, in-12.

> Cet ouvrage contient des renseignements sur les félibres de l'Ariège ainsi que la reproduction de quelques-uns de leurs travaux.

1108. **Levère** (Victor). Défilé des silhouettes des membres de l'Athénée des Troubadours, précédé d'un chapitre de M. Léon Valérie sur l'origine de l'Athénée des Troubadours de Toulouse. *Paris* et *Toulouse*, 1890, in-12 de 304 pages.

Silhouette en vers des félibres de l'Ariège, membres de l'Athénée des Troubadours.

1109. **Lévis**. Lettres du chevalier de Lévis concernant la guerre du Canada (1756-1760). *Montréal*, 1889.

Le chevalier de Lévis était issu de la grande maison de Lévis-Mirepoix.

1110. **Lévis** (chevalier de). Journal des campagnes du chevalier de Lévis en Canada, de 1756 à 1760. *Montréal*, 1889, grand in-8º.

1111. **Lévis** (duc de) Souvenirs et portraits, 1780-89. *Paris*, 1813, in-8º, 268 pages.

Contient une biographie du maréchal de Lévis et des réflexions sur la maréchale.

1112. **Leymerie** et **Cotteau**. Catalogue des Echinides fossiles des Pyrénées, *Toulouse*, 1856, 37 pages.

Les auteurs ont fait mention des animaux de cette espèce trouvés dans les grottes de l'Ariège.

1113. **Leymerie**. Récit d'une exploration géologique de la vallée de la Sègre, *Paris*, 1868, in 8º.

Cette étude commence par la description géologique de la haute-vallée de l'Ariège.

M. Leymerie a publié de nombreux et intéressants travaux dans le *Bulletin de la Société géologique de France*. La plupart contiennent beaucoup de renseignements sur la géologie de l'Ariège.

1114. **Leymerie** (A.). Mémoire pour servir à la connaissance de la division inférieure du chemin crétacé pyrénéen. *Paris*, 1869, in-8º, planches.

Documents sur la géologie de l'Ariège.

1115. **Li governi** di Linguadoca, di Foix et di Rossiglione con il Rouergue, *Venezia*, 1777, petit in-fº.

1116. **Limborch** (Philippe). Historia inquisitionis. Cui subjungitur liber sententiarum inquisitionis tholosanæ, ab anno Christi 1307 ad annum 1323. *Amsterdam*, 1692, in-4º avec gravures.

Ouvrage rempli de recherches intéressantes. Il renferme des documents relatifs aux poursuites contre les hérétiques Albigeois dans le comté de Foix.

1117. Lomet (général). Mémoire sur les eaux minérales et les établissements thermaux dans les Pyrénées, comprenant la description des monuments à élever pour utiliser ces eaux salutaires à la guérison des blessures des défenseurs de la République, publié par ordre du Comité de salut public. An III (1794), in-8°.

Il est question des sources thermales d'Ax-les-Thermes dans cet ouvrage.

1118. Loutchitzky (Jean), professeur d'histoire à l'Université de Kiew (Russie). La commune rurale dans les Pyrénées, en France et en Espagne. Etudes d'après des documents inédits parues dans la revue *Mémoires de la Patrie*, et réunies en volume, 1884, *Saint-Pétersbourg*, (Texte en langue russe.)

Il est fait mention de l'Ariège et on cite un certain nombre de documents conservés dans les archives de ce département.

1119. Louvet (Pierre). Remarques sur l'histoire du Languedoc, des princes qui y ont commandé sous la seconde et troisième lignée de nos rois jusques à son entière réunion à la couronne, des Etats généraux de la province, et des particuliers de chaque diocèse. *Toulouse, Boude*, 1657, in-4°.

Le comté de Foix y est à peine mentionné.

1120. Luchaire (Achille). Etudes sur les idiomes pyrénéens de la région française. *Paris*, *Maisonneuve*, 1879, in-8°, avec carte linguistique des Pyrénées françaises.

Il est question dans cet ouvrage des patois languedociens du comté de Foix et des patois gascons du Couserans. L'auteur donne une traduction de la parabole de l'enfant prodigue en dialecte du Couserans (Castillon, vallée du Lez, et Oust, vallée du Salat).

M

1121. Magnan (Henri). Matériaux pour une étude stratégraphique des Pyrénées et des Corbières, *Paris*, 1874.

Ce travail contient une étude sur le massif du Saint-Barthélemy (Ariège).

1122. Mahul. Cartulaire et archives des communes de l'ancien diocèse et de l'arrondissement administratif de Carcassonne. *Paris*, 1857-1885. 7 gros vol. in-4°, de plus de 600 pages chacun, à 2 colonnes, plus un fascicule comprenant la table, ensemble 8 vol. avec quantité considérable de cartes, plans, vues, portraits et blasons gravés.

Travail colossal dans lequel on trouve la généalogie des comtes de Carcassonne, auteurs des comtes de Foix.

1123. Malte-Brun. Géographie universelle. 12 vol. in-8° et un atlas in-4°, 1836-1837.

> Détails intéressants sur l'Ariège.

1124. Malte-Brun (V.-A.). La France illustrée. Géographie, histoire, administration, statistique. *Paris, Jules Rouff et Cie*, 1885, 5 vol. in-8° avec gravures, cartes et plans.

> On trouve dans le premier volume une description sur le département de l'Ariège.

1125. Manaud de Boisse (L.). Le château de Montespan (Haute-Garonne). Prétendu voyage de la favorite de Louis XIV aux Pyrénées. *Foix, Pomiès*, 1890, in-18 de 68 pages.

> Une nouvelle édition dans le format in-8° a été publiée en 1891. L'une et l'autre donnent quelques petits détails sur le Couserans et le pays de Foix.

1126. Mandement de Messeigneurs les évêques de Mirepoix, de Senez, de Montpellier et de Boulogne, pour la publication de l'acte par lequel ils interjettent appel au futur Concile général des lettres de N. S. P. le Pape Clément XI, adressées à tous les fidèles, publiées à Rome, le 8 septembre 1718, et renouvellent l'appel déjà interjetté de la Constitution *Unigenitus* avec un mémoire qui en déduit les motifs. *Amsterdam, chez Jean Potgieter*, M.D.CC.XIX, in-12 de 645 pages.

1127. Manuel du voyageur en France. *Paris, Ollendorff*, 1881-1885, 3 vol. in-12, contenant 26 cartes et 70 plans.

> Cette publication, dite *Guides Baedeker*, fait mention des Pyrénées et, par suite, du département de l'Ariège.

1128. Marca (Pierre de). Histoire de Béarn, contenant l'origine des rois de Navarre, des ducs de Gascogne, marquis de Gothie, princes de Béarn, comtes de Carcassonne, de Foix et de Bigorre. *Paris, Camusat*, 1640, in-f°.

> Volume très rare, qui a été réimprimé à Pau en 2 volumes in-4° en 1894. Le premier volume de cette nouvelle édition contient une longue notice biographique du P. de Marca, par l'abbé Dubanat.

1129. Marca (Pierre de). Marca Hispanica sive limes Hispanicus, hoc est géographica et historica descriptio Cataloniœ, Rusunonis et circumjacentium popularorum. *Paris, F, Maguet*, 1688, in-4°.

> Renseignements et documents sur le comté de Foix, le Couserans et l'Andorre.

1130. **Marlin** (François). Voyages en France et pays circonvoisins depuis 1775 jusqu'en 1807. *Paris*, 1817, 4 vol. in-8°, titres gravés, quantité de vues hors texte, très finement gravées par Couché.

> Le deuxième volume donne une courte description du département de l'Ariège.

1131. **Mary-Lafon**. Histoire politique, religieuse et littéraire du midi de la France. *Paris*, 1845, 4 vol. in-8°.

> Renseignements sur l'Ariège.

1132. **Massacres du Midi** (Mémoire historique sur la réaction royale et sur les), par Fréron, ex-député à la Convention nationale, commissaire du gouvernement dans les départements méridionaux, avec les pièces justificatives et éclaircissements et documents historiques, 1824, in-8°.

> Ouvrage intéressant pour l'Ariège.

1133. **Maynard** (Géraud de). Notables et singulières questions de droit écrit, jugées au parlement de Toulouse, conférées avec les préjugés des autres parlements de France. Les arrêts et discours prononcés en robe rouge, par M. Antoine de Lestang, président du parlement, les discours de M. de Belloy, avocat général ; les plaidoyers de M. Jacques de Puymisson; l'histoire des maisons de Foix et d'Armagnac, du pays de Béarn, du comté de Toulouse et autres lieux particuliers du ressort. *Toulouse, François Henault*, 1751, 2 vol. in-f°.

> Géraud de Maynard, conseiller au parlement de Toulouse, père du poète de ce nom, naquit à Saint-Céré (Lot) ; il mourut en 1607. Son livre, dont l'édition de 1751 est la plus ample et la meilleure, contient des pièces intéressantes pour l'histoire méridionale.

1134. **Mazure**. Histoire du Béarn et du pays Basque. *Pau, Vignancour*, éditeur, 1839, in-8° de 600 pages.

> Nombreux renseignements sur les comtes de Foix qui furent souverains du Béarn. Analyses par ordre chronologique de pièces extraites du *Trésor de Pau*, concernant la maison de Foix.

1135. **Mazure**. Histoire du royaume de Navarre sous les princes de la maison de Foix, Béarn et Albret, aïeux des rois de France, d'après les documents inédits conservés dans les trésors des rois de Navarre, aux archives de Pau.

1136. Mège (du). Statistique générale des départements Pyrénéens ou des provinces de Guyenne et de Languedoc. *Paris, Treuttel et Wurtz*, 1828, 2 vol. in-8° avec une carte.

> Histoire et description de ces contrées. Recherches sur les peuples qui les ont occupés. Dialecte de la langue romane en usage dans les départements composant les Etats pyrénéens. Mœurs, usages et coutumes de ces habitants.
> Nombreux renseignements sur l'Ariège.

1137. Mége (du). Archéologie pyrénéenne, antiquités religieuses, historiques, militaires, artistiques, domestiques et sépulcrales d'une portion de la Narbonnaise et de l'Aquitaine, ou monuments authentiques de l'histoire du Sud-Ouest de la France, depuis les anciennes époques jusques au commencement du xiiie siècle. *Toulouse, Delboy*, 1858, 7 vol. in-8° avec gravures.

> L'archéologie de l'Ariège occupe une belle place dans ce remarquable ouvrage.

1138. Mémoires du duc de Rohan sur les choses qui se sont passées en France depuis la mort de Henry le Grand jusqu'à la paix faite avec les Réformés, au mois de juin 1629. *Amsterdam*, 1756, in-12, 2 vol.

> Utile à consulter pour l'étude des guerres religieuses dans le pays de Foix sous le règne de Louis XIII.

1139. Mercure François (Le), ou histoire de notre temps. 25 vol. in-12 (1605-1638), Paris.

> Dans cet annuaire historique on trouve les renseignements suivants sur le Comté de Foix.
> Tome VIII (1621 à 1622).
> Ce qui s'est passé en la Comté de Foix durant ces derniers troubles jusques au mois d'avril de cette année, page 474. Le Comte de Carmain, gouverneur du pays de Foix, blessé au siège de Montauban, page 477. La ville de Varilhes assiégée par le sieur de Levan, page 477. Estat du pays de Foix au commencement de l'an 1622, page 481. De la conversion des religionnaires de la ville de Foix, par le père Villate, page 486. Continuation de ce qui s'est passé en Foix, page 786.
> Tome X de 1624 à 1625. Du différent survenu en la ville de Pamiez sur la réquisition que les catholiques firent d'estre admis au consulat avec ceux de la religion prétendue réformée, page 381. Ce qui s'est passé en l'obeyssance de ceux de Pamiez, touchant le restablissement des ecclésiastiques dans Pamiez, et l'eslection et my-partition de leurs consuls, page 871.
> Tome XI de 1625 à 1626. Rebellion de Pamiez et de plu-

sieurs villes de la Comté de Foix, page 760. Nouveaux régiments levez par le roy au pays de Foix, page 904. Le Mas-d'Azil sur l'asseurance qu'on luy donne d'estre secouru se resolut à soustenir le siège, page 907. L'armée du Languedoc menée par le maréchal de Thémines au pays de Foix, page 901.

Tome XIV de 1627 à 1628. Déclaration des députez de la ville de Pamiez, de Mazères, du Mas-d'Azil et de Carlat, au Comté de Foix, portant obéissance au roy (page 360 de l'année 1627) siège de Pamiez (page 72 de l'année 1628).

1140. Michaud. Biographie universelle. Avec tous les suppléments. 85 vol. in-8°. *Paris*, 1811 à 1862.

On y trouve des notices sur quelques personnages célèbres de l'Ariège.

1141. Millin (A. L.). Voyage dans les départements du Midi de la France. *Paris, Imprimerie impériale*, 1807, 5 vol. in-8°, et atlas in-4° de 80 planches.

L'auteur, peintre paysagiste, a visité les Pyrénées. Il parle de l'Ariège avec enthousiasme. A propos de ce pays, il dit: «L'Ariège est une des plus intéressantes, des plus pittoresques et des plus fertiles contrées de la France. »

1142. Molinier (Charles). L'inquisition dans le Midi de la France, au XIIIe et au XIVe siècle. Etude sur les sources de son histoire. *Paris, Fischbacher*, 1880, in-8° de 500 pages.

Renseignements sur les hérétiques albigeois dans le pays de Foix. Procès d'Authié, d'Ax.

1143. Monlezun. Histoire de Gascogne depuis les temps les plus reculés jusqu'à nos jours. *Auch*, 1846-1850, 7 vol. in-8°, avec le supplément.

Publication précieuse dans laquelle on parle beaucoup du Couserans (Saint-Lizier).

1144. Montfaucon (Bernard de). Les monumens de la monarchie françoise, qui comprennent l'histoire de France avec les figures de chaque règne que l'injure des tems a épargnées. *Paris, Gandouin*, 1733, 5 vol. in-f°.

Dans ce livre remarquable, nous avons relevé à la table des matières les renseignements suivants ayant trait à l'histoire des comtes et de la Maison de Foix.

Tome II. — Le comte de Foix prend et démolit le château de Hautpui. Pris et châtié par le roi, puis il gagna ses bonnes grâces. — Le comte de Foix et le captal de Buch taillent en pièces la Jaquerie à Meaux.

Tome III. — Le comte de Foix. — Ses progrès en Guienne

contre les Anglais. — Gaston Phœbus, comte de Foix, meurt. — Gaston, comte de Foix, est fait pair de France sous Charles VII. — Gaston, comte de Foix, épouse Madeleine, sœur du roi Louis XI. — Yvain, bâtard de Foix, veut s'emparer du Comté de Foix après la mort de son père. — Meurt par un accident.

Tome IV. — L'évêque de Couserans, curateur d'Henri de Foix. — Gaston de Foix, duc de Nemours, défait un corps de Vénitiens et prend leur chef. — Gaston de Foix, neveu de Louis XII, fait gouverneur du Milanais, oblige les Suisses, qui revenaient au service du pape, de se retirer entre Boulogne et son armée. — Il va secourir le château de Bresse, assiégé par les Vénitiens, défait leur armée et prend la ville de Bresse, qui est saccagée. — Il donne bataille aux ennemis à Ravenne, la gagne et est tué en poursuivant les Espagnols. — Gaston de Foix représenté en figure. Germaine de Foix, nièce de Louis XII, épouse Ferdinand, roi d'Aragon.

1145. **Moreri**. Le grand dictionnaire historique ou mélanges curieux de l'histoire sacrée et profane, qui contient les vies et actions remarquables des empereurs, rois, princes, l'histoire des religions, les généalogies des familles illustres de France, la description des royaumes, etc., édition dans laquelle on a refondu les suppléments de l'abbé Gouget. 1759, 10 vol. in-f°.

Renferme des notices sur les principales villes et sur les anciennes familles du pays de Foix

1146. **Mosaïque du Midi** (La). Revue mensuelle illustrée. *Toulouse*, *Paya*, éditeur, 6 vol. in-4°, 1837, 1838, 1839, 1840, 1841, 1842.

Nombreux articles sur l'histoire et l'archéologie de l'Ariège : *1er volume* : Gaston de Foix. — Sables aurifères dans le Languedoc. — La grotte de Bédeilhac. — Les bouviers du pays de Foix. — Les chiens qui gardent les tours de Foix. — *2e volume* : La fontaine intermittente de Bélesta. — Un grand chasseur. — *3e volume* : Les demoiselles. — Mort de Jeanne de Foix. — Castelpenent. — La caverne des protestants. — *4e volume* : Les noces d'un squelette. — Histoire de la ville et des comtes de Foix. — Le clerc du comte de Foix. — Le loup de Quérigut. — Le démoniaque. — Le château de Fornex. — Pierre Bayle. — *5e volume* : Néant. — *6e volume* : Les bains d'Ussat. — Procession de Saint-Girons. — Le maréchal Clauzel. — Les comtes de Foix.

N

1147. Notice sur le couvent des Jacobins à Toulouse. *Toulouse*, *Chauvin*, 1865, in-18 de 108 pages.

> Cet ouvrage est attribué à Leblanc, du Vernet. Il contient une description de la chapelle des chanoines de Pamiers, dédiée à saint Antonin. L'auteur y parle des anciennes peintures murales qui ornaient jadis ladite chapelle et qui retraçaient les épisodes de la vie de saint Antonin.

1148. Notre-Dame de France ou histoire du culte de la sainte Vierge en France depuis l'origine du christianisme jusqu'à nos jours, par M. le curé de Saint-Sulpice, à Paris. 6 vol. divisés par provinces ecclésiastiques.

> Dans le 3e volume figurent les sanctuaires dédiés à la sainte Vierge dans le diocèse de Pamiers

1149. Noulet (J.-B.). Flore du bassin sous-pyrénéen ou description des plantes qui croissent naturellement dans cette circonscription géologique *Toulouse*, **Paya**, 1857, in-8°.

> Quelques détails sur la flore de l'Ariège.

1150. Noulet (Dr). Etude de Lombrives ou grande caverne d'Ussat (Ariège) et de ses accessoires. *Toulouse*, 1882, in-4° de 42 pages, avec planches.

1151. Noulet (Dr). Note sur le polypore cinabarin. — Note sur des semis spontanés de platane d'Orient dans les alluvions de l'Ariège, in-8° de 14 pages.

1152. Nouveau voyage pittoresque de la France. Orné de 360 gravures exécutées sur des dessins faits d'après nature et représentant des vues des principales villes de France, ports de mer, monuments anciens et modernes, sites remarquaquables. *Paris, Osterwald*, 1817, 3 vol. in-4°.

> Ouvrage intéressant dans lequel il est peu parlé de l'Ariège.

O

1153. Ogier. La France par cantons et par communes. *Paris*, 1856, 85 vol. in-8° avec vues et cartes.

> Le département de l'Ariège est décrit dans le tome VI de cette publication.

1154. Origine des Seigneurs du Vivier du diocèse d'Alet en Languedoc, chez *Antoine Colomiez, imprimeur*, rue des Aumurats, près le Palais, 1697, in-12 de 32 pages.

Cet opuscule porte que les seigneurs du Vivier sont issus de la maison de Narbonne première race. Il y est dit que la seconde race des comtes de Narbonne commence à Pierre de Lara, fils de Maurice de Lara, grand seigneur de Castille, et c'est de cette dernière que sont sortis les Narbonne-Lara connus dans le Couserans et le Pays de Foix.

1155. Orloff. Voyage au Midi de la France. *Paris*, in-8°.

L'auteur fait de belles descriptions, mais parle peu de l'Ariège.

1156. Ours de Mandajors. Histoire critique de la Gaule Narbonnaise, qui comprenoit la Savoye, le Dauphiné, la Provence, le Languedoc, le Roussillon et le comté de Foix. *Paris*, 1733, in-12.

P

1157. Palassou (Abbé). Essai sur la minéralogie des monts pyrénéens. *Paris, Didot*, 1784, in-4° avec planches.

Le comté de Foix, le Donnezan et le Couserans occupent une large place dans cet ouvrage.

1158. Palassou. Mémoire pour servir à l'histoire naturelle des Pyrénées et des pays adjacens. *Pau, Vignancour*, 1819-1821, 3 vol. in-8°.

Il est fait mention des productions naturelles de l'Ariège dans ces mémoires.

1159. Palassou. Suite des mémoires pour servir à l'histoire naturelle des Pyrénées et des pays adjacens, *Pau*, 1819, in-8°.

1160. Panthéon biographique universel. *Paris*, 1855, 2 vol. in-8°.

Nombreuses notices sur les familles nobles du comté de Foix et du Couserans.

1161. Paradin (Claude). Alliances généalogiques des rois et princes de Gaule. *Paris*, 1638, in-f°, nombreux blasons gravés avec notices explicatives. *Lyon*, 1561 *et Paris*, 1638.

Un cahier de 32 pages est consacré à la maison des comtes de Foix.

1162. Pasquier. Château de Foix, avec illustration par R. Roger. *Foix, Gadrat*, 1899, in-8°.

1163. Pérouse (baron de La). Histoire abrégée des plantes des Pyrénées et itinéraire des botanistes dans ces montagnes. *Toulouse, Bellegarigue*, 1818, 2 vol. in-8°.

> Véritable flore des Pyrénées. L'Ariège est mentionnée dans ce travail, et on y parle notamment des espèces recueillies dans les cantons d'Ax et de Quérigut.

1164. Perrin (J.-P.) Histoire des Vaudois. Divisée en trois parties. La première est de leur origine, pure croyance, et persécutions qu'ils ont souffert par toute l'Europe, par l'espace de plus de quatre cens cinquante ans. La seconde contient l'histoire des Vaudois, appelés Albigeois. La troisième est touchant la doctrine et la discipline qu'ils ont eu commune entre eux, et la réfutation de la doctrine de leurs adversaires. Le tout fidèlement recueilli des autheurs nommés ès pages suivantes. Par Jean-Paul Perrin, Lionnois. *A Genève, pour Pierre et Jacques Chouet*, 1619. — Histoire des chrestiens Albigeois. Contenant les longues guerres, persécutions qu'ils ont souffert à cause de la doctrine de l'Evangile. Le tout fidèlement recueilli des historiens qui en ont escrit, et des mémoires qui nous ont esté fournis par personnes dignes de foy, habitées en ladite contrée, et cottés en marge. Par Jean-Paul Perrin. *A Genève, pour Mathieu Berjon* 1618. Ensemble, 1 vol. in-8°.

> Livre rare. La première partie est dédiée à François de Bonne, duc de Lesdiguières. La seconde, suivie de la troisième sous la même pagination, a un titre particulier ainsi conçu : *Histoire des chré·iens Albigeois, contenant les longues guerres, persécutions qu'ils ont souffert à cause de la doctrine de l'Evangile. Le tout fidèlement recueilli des historiens qui en ont escrit..... par Jean-Paul Perrin, Lionnois. A Genève, pour Mathieu Berjon, 1618.*
>
> Cette seconde partie est précédée d'une épitre dédicatoire à Henri de Foix (comte et depuis duc de Candale...) lieutenant et général pour le Roy és provinces de Xaintonge, Angoumois, etc., qui ne se trouve que dans un petit nombre d'exemplaires. Candale qui s'était prononcé en 1615 en faveur de la Réforme, fut, cette même année, nommé général des Cévennes, dans une assemblée tenue à Nimes ; mais, quelques années plus tard, il abandonnait le parti protestant, qui l'avait pris pour chef. Cette défection fut évidemment la cause de la suppression de la dédicace dans laquelle Perrin félicite Candale d'être entré dans la maison de Dieu, « de sa constance contre les efforts des tentations...., et de ce que la haine des proches, les calomnies des méchants, ni même les allèchements du monde n'ont rien pu où

Dieu a opéré. » Il ajoute que Candale est le premier de son extraction qui ait secoué le joug du pape.

1165. Perout (abbé). Vie de Jean-Marie Dulau, archevesque d'Arles. *Périgueux*, 1892, in-8° de 150 pages.

Mgr Dulau avait été chanoine de Pamiers. Voir (abbé Bernard).

1166. Peuchet et Chanlaire. Description topographique et statistique de la France, *Paris*.

Chaque département forme une brochure in-4°, avec pagination séparée, qui contient la notice historique de son ancien état : ses divisions territoriale, civile et politique, ses montagnes, rivières, canaux, navigation intérieure, agriculture, production, industrie, commerce, étendue, population, contributions, instruction publique, mœurs, antiquités, bibliographie, etc.

L'Ariège forme 4 cahiers donnant 32 pages.

1167. Peyrat (Napoléon). Histoire des Albigeois, *Paris*, *G. Fisch-Bacher*, 1870-1880, 5 vol. in-8°.

Toutes les histoires des Albigeois parlent du pays de Foix et de la maison souveraine de ce nom, mais il en est beaucoup plus question dans l'ouvrage de M. Peyrat. Celui-ci a raconté les épisodes de la guerre des Albigeois à un point de vue local.

1168. Philippe. Flore des Pyrénées. *Paris*, 1859, 2 vol. in-8°.

On trouve dans cet ouvrage quelques bonnes indications qui se rapportent à la partie montagneuse de l'arrondissement de Foix.

1169. Piganiol de la Force. Nouvelle description de la France, dans laquelle on voit le Gouvernement de ce Royaume, celui de chaque province en particulier, et la description des villes, maisons royales, châteaux et monuments les plus remarquables. *Paris*, Legras, 1753-1754, 13 vol, in-12. Nombreuses planches et cartes.

La description du comté de Foix est donnée dans le tome 3.

1170. Pigault-Lebrun et Augier (V.) Voyage dans le Midi de la France. *Paris, Barba, A. Dupont*, 1827, in-8°.

L'Ariège est à peine mentionnée dans cet ouvrage.

1171. Pilham. Histoire du maréchal de Boucicaut, grand connétable, gouverneur des provinces de Guyenne et de Languedoc. *La Haie*, 1699, in-12 de 183 pages avec portrait.

Détails historiques très curieux sur les événements politiques et militaires des années 1378 à 1415. Gaston de Foix et Charles VI.

1172. Pinard. Chronologie militaire de France depuis les premiers temps de la monarchie. *Paris, au bureau des annales militaires*, 1851, in-8°.

Le premier volume, le seul paru, contient les notices suivantes : Foix (Odet de) ; Foix (Louis-Charles-Gaston) ; Foix-Lescun ; duc de Candale.

1173. Pitot (Lieutenant). Historique du 83e régiment d'infanterie, 1684-1891. *Toulouse, E. Privat*, 1891, in-8° de 328 pages avec gravures et cartes.

Par décret du 1er janvier 1791, les régiments perdirent les noms qu'ils avaient portés jusque-là et prirent un numéro d'ordre. En conséquence, le *Régiment de Foix*, qui occupait, à ce moment, le 83e rang, devient le 83e de ligne. L'historique du 83e de ligne est précédé de l'historique du *Régiment de Foix* (1684-1791).
Voir Suzanne, *Histoire de l'infanterie française*.

1174. Plantin (J.-B.). Abrégé de l'histoire générale de Suisse, avec une description particulière du Païs des Suisses ; de leurs sujets et de leurs alliez. *Genève, Ant. et Sam. de Tournes*, 1666, petit in-8° de 814 pages.

Ouvrage racontant des faits historiques curieux relatifs à la Savoie, aux Protestants, avec des observations sur les abbayes, monastères, châteaux, seigneuries. Il contient la procuration de Gaston de Foix pour la vente de ses terres de Greilly au Bailliage de Gex.

1175. Plutarque français (Le). Vie des hommes et femmes illustres de la France avec leurs portraits en pied, publié par Mennechet. *Paris*, 1836, 8 tomes en 4 vol. grand in-8°.

Une nouvelle édition, publiée sous la direction de M. T. Hadot, a paru en 1844 chez *Langlois et Leclerc, à Paris*. Elle se compose de 6 volumes. Le quatrième volume contient une notice sur le philosophe Bayle, du Carla (Ariège).

1776. Porte (Abbé J. de la). Le voyageur français (avec la continuation par de Fontenai et Domaison). *Paris*, 1765-1795, 42 vol. in-12.

Le tome XXXIII contient une description du comté de Foix.

R

1177. Ramond de Carbonnières. Observations faites dans les Pyrénées pour servir de suite à des observations sur les Alpes. *Paris*, 1789, deux parties en un vol. in-8° avec cartes.

Le comté de Foix est mentionné dans cet ouvrage.

1178. Réaumur. L'art de convertir le fer forgé en acier et l'art d'adoucir le fer fondu. *Paris*, 1722, in-4° avec figures.

Il est question dans cet ouvrage des mines de fer de Rancié (Ariège).

1179. Recueil des pièces publiées en l'affaire des évesques d'Alet, Pamiers, Beauvais et d'Angers, qui ont été poursuivis pour avoir distribué *le fait du droit* dans leurs mandements sur la signature du formulaire envoyé par le pape Alexandre VIII. *Cologne*, 1679, in-12.

1180. Régiment de Foix. Voir Roussel et de Montaudre. *État militaire de la France ;* Pitot, *Historique du 83° régiment d'infanterie ;* Suzanne, *Histoire de l'infanterie française.*

1181. Répertoire des noms des soldats de l'armée de l'Est française, décédés et ensevelis sur le territoire Suisse en 1871, avec 50 photographies représentant des monuments funéraires. *Saint-Gall (Suisse), chez Hungerbühler*, 1892.

L'album est dédié aux parents et aux amis des soldats français entrés en Suisse en 1871. Il renferme la reproduction lithographique des vues de photographies prises sur les lieux où des monuments ont été élevés à la mémoire de ceux qui ont succombé à leurs blessures, aux maladies ou aux souffrances inouïes qu'ils ont endurées.

Dans le répertoire on trouve les noms de plusieurs soldats ariégeois morts en Suisse à la suite de la désastreuse campagne franco-allemande.

1182. Rerum in Gallia gestarum ab usque promulgato pacis edicto, mense Maio 1576, ad hunc diem insignis eaque succincta narratio in qua artificia quibus tranquilitatis publicæ inimici ad postremum illum edictum elevandum majoresque quam antea suscitandos tumultus abusi sunt, recensentur authore Georgio Ebouff. Canthurii, ex officina Andreæ Menalcæ, 1577, petit in-8°.

Volume fort rare dans lequel on trouve des renseignements intéressants sur les guerres de religion dans le comté de Foix.

1183 Revue de Gascogne, bulletin mensuel de la Société historique de Gascogne. *Auch, imprimerie de Ch. Fox.*

Cette Revue a été créée en 1860. Elle renferme de précieux documents sur le Couserans et le comté de Foix.

1184 Revue de Comminges (Pyrénées-Centrales). Bulletin de la Société des études du Comminges, du Nébouzan et des Quatre-Vallées.

Fondée en 1885, cette Revue publie des articles concernant l'arrondissement de Saint-Girons.

1185 Revue des Pyrénées et de la France méridionale,
organe de l'association pyrénéenne et de l'union des Sociétés
savantes du Midi, in-8°. *Toulouse, imprimerie Privat.*

> Fondée en 1889 par MM. Sacaze et Garrigou, cette publica-
> tion, trimestrielle à l'origine, paraît aujourd'hui deux fois par
> mois. On y trouve des articles concernant l'Ariège.

1186 Robert. Vie politique de tous les députés à la Convention
nationale, pendant et après la Révolution. *Paris*, 1814, in-8°
de 459 pages.

> Notice sur Vadier et Lakanal. Dans cet ouvrage on donne la
> preuve que, dans le procès de Louis XVI, la peine de mort avait
> été rejetée à une majorité de 6 voix.

1187 Robert de Hesseln. Dictionnaire universel de la France,
contenant la description des provinces, villes, bourgs et lieux
remarquables du royaume, l'état de sa population, de son
clergé et autres parties du gouvernement, ensemble les
productions du sol, l'industrie et le commerce, les dignités
de l'Etat, emplois militaires, etc., 1771, 6 vol. in-8°.

> Détails sur le comté de Foix et le Couserans.

1188. Robert-Labarthe (U. de). Histoire du protestantisme
dans le Haut-Languedoc, le Bas-Quercy et le Comté de
Foix, de 1685 à 1789, d'après des documents pour la plupart
inédits, 12 vol. in-12.

1189. Rohan (duc de). Voir *Mémoires du duc de Rohan*; *la Deffaite
des troupes du duc de Rohan.*

1190. Rolland de Denus. Les anciennes provinces de la France.
Etudes étymologiques et onomatologiques sur leur nom et
celui de leurs habitants, *Paris*, 1885, in-8°.

> Etymologie de tous les noms vulgaires des habitants des di-
> verses localités de France, avec nombreuses citations à l'appui ;
> contient en outre la liste de tous les petits pays ou *Pagi* de cha-
> que province. Peu de détails sur l'Ariège.

1191. Roman des Pyrénées (Le) par un chroniqueur, *Paris,
Bruxelles* et *Madrid*, 1869, in-12.

> 20 pages sont consacrées au Val d'Andorre et à l'Ariège.

1192. Roquemaurel (Le colonel Maurice de) défenseur de la
vallée de l'Ariège contre les Espagnols en 1812. Notice
biographique. 1771-1839. *Foix, Gadrat* 1899, in-8° de 16
pages.

> Extrait du *Bulletin de la Société Ariégeoise des sciences, lettres
> et arts.*

1193. **Roussel et de Montaudre**. Etat militaire de France, *Paris*, 1778.

Etat des anciens régiments provinciaux. — Noms des officiers et grades. — Gouvernements des provinces. — Régiments étrangers. — Détails des divers uniformes. Infanterie et cavalerie. — Nombreux noms cités de la noblesse militaire des règnes de Louis XV et de Louis XVI. Mention y est faite de l'ancien régiment de Foix (83e de ligne).

1194. **Roussel** (Joseph). Sur les relations stratigraphiques qui existent entre les calcaires à miliotides et les couches à *Micraster tercensis* dans le département de la Haute-Garonne et le canton de Sainte-Croix (Ariège). *Paris*, 1886, in-4° de 4 pages.

Extrait du *Bulletin de la Société géologique de France*.

1195. **Routier** (Le) des provinces méridionales. Voyages, chroniques, romans, portraits méridionaux, par A. Aycard, E. Berthet, Alex. Dumas. Th. Gautier, V. Hugo, Janin, Du Mège, Mérimée, Méry, Georges Sand, Frédéric Soulié, Ad. Thiers, etc. *Toulouse, de Pablos, éditeur*, avec planches, 1842, in-4°.

Cet ouvrage contient cinq articles concernant l'Ariège : *Les Tours de Foix*, par du Mège ; *Les Bouviers du pays de Foix*, par L. L. ; *La vallée de l'Ariége et la République d'Andorre*, par Michel Chevalier ; *Le Castillonnais*, par Léonce de Lavergne ; *Le sire de Terride*, par Frédéric Soulié.

1196. **Ruelle** (Ch.-Emile). Bibliographie générale des Gaules. *Paris*, 1882, 2 vol. in-8°.

Ouvrage incomplet. Les renseignements fournis sur la bibliographie de l'Ariège sont insignifiants et erronés.

1197. **Russel-Killouch**. Les grandes ascensions des Pyrénées, d'une mer à l'autre. Guide spécial du piéton. *Paris, Hachette*, 1866, in-12 avec cartes.

Une douzaine de pages sont consacrées à la description des principaux pics de l'arrondissement de Foix et de Saint-Girons.

S

1198. **Sacaze** (Julien). Les anciens dieux des Pyrénées ; nomenclature et distribution géographique. *Saint-Gaudens, Abadie*, 1885, brochure in-8° de 30 pages avec gravures.

Cet ouvrage fait mention des divinités connues dans le Couserans.

1199. **Sacaze** (Julien). Inscriptions antiques des Pyrénées. *Toulouse, chez Privat*, 1892, in-8° avec planches.

> Intéressant travail sur les monuments épigraphiques. Les 28 premières pages sont consacrées aux inscriptions du Couserans. (Civitas Consoranorum).

1200. **Sainct-Gelais** (Jean de), *Seigneur de Monlieu*. Histoire de Louys XII, Roy de France et de plusieurs choses mémorables advenues en France et en Italie, jusqu'en l'année 1510; tirée de la bibliothèque du Roy et nouvellement mise en lumière par Théodore Godefroy, advocat au parlement de Paris. *Paris, Abrah. Pacard*, 1622, petit in-4° 316 pages.

> Histoire des événements politiques et militaires des années 1290 à 1498, où l'on raconte la mort de Gaston de Foix.

1201. **Samazeuilh.** Souvenirs des Pyrénées. *Agen*, 1827, in-8°, vues et carte coloriée.

> Il est à peine parlé de l'Ariège dans cet ouvrage.

1202. **Sandret.** L'ancienne Eglise de France, ou état des archevêchés et évêchés de France avant la Constitution civile du clergé de 1790. *Paris*, 1866, in-8°, 340 pages.

> Notices sur les provinces ecclésiastiques, les diocèses et les monastères : la chronologie historique des prélats, abbés, ou abbesses, le catalogue détaillé des couvents et autres établissements religieux des prieurés et des collégiales ; le pouillé complet des paroisses et chapelles de chaque diocèse, rangées par archidiaconés et doyennés, avec leur population au XVIII° siècle ; sommaire et complément de la gallia christiana, pour les diocèses de Rouen, Avranches, Coutances et Bayeux. Ouvrage utile à consulter pour l'histoire des diocèses de Pamiers, Mirepoix et du Couserans.

1203. **Seigneurie souveraine et principauté de Béarn.** (De la). Citez et villes y comprises, ancienneté du peuple, et de la succession des princes qui y ont commandé. *A Paris, chez Nicolas Chesneau*, 1575, in-4° de 22 pages.

> Chronologie des comtes de Foix, souverains de Béarn.

1204. **Séré** (Martial). Mois de Marie des litanies aux sanctuaires de France. *Paris, Haton*, 1885, in-12.

> L'auteur a donné de très courtes notices sur tous les sanctuaires du diocèse de Pamiers.

1205. **Sceaux des villes françaises** (Répertoire des) dont l'inventaire et la description ont été publiés sous la direction des archives nationales en 1861, 1867, 1868, photographiés par Sthephane Geoffray. *Paris*, (s. d.) 1891, petit in-4°.

> On y trouve plusieurs sceaux des villes du comté de Foix et du Couserans.

1206. **Schmidt** (C.) Histoire et doctrine de la secte des Cathares ou Albigeois. *Paris*, 1849. 2 vol, in-8°.

> Nombreux détails sur le siège de Monségur (Ariège).

1207. **Silvestre** (Théophile). Plaisirs rustiques. *Paris, Charpentier*, 1878, in-12 de 230 pages.

> Dans cet ouvrage, l'auteur, qui est de l'Ariège parle de son département au point de vue pittoresque de ses belles vallées.

1208. **Soirées amusantes** (Les). Recueil nouveau et varié d'historiettes curieuses, piquantes, anecdotes, plaisanteries, bons mots, plaidoyers comiques, etc., etc. *Paris, Taillard-Jaunet*, 1858, in-18.

> Renferme l'histoire des *Brigands de la grotte d'Ussat* (Ariège).

1209. **Soixante-dix-huit ans avant l'Ere chrétienne.** Première campagne des Romains contre les Sotiates, Euskes ou Aquitains. *Foix, imprimerie Gadrat* 1889, in-8° de 16 pages.

> Nos vallées ariégeoises sont mentionnées dans ce travail, dû à la plume de M Garrigou.

1210. **Soutras** (Frédéric). Les Pyrénées illustrées. Texte par Frédéric Soutras, dessins par Maxime Lalaune et Emile de Molbos.

> L'auteur a consacré quelques pages au département de l'Ariège.

1211. **Soutras** (Frédéric). Guide aux établissements thermaux des Hautes-Pyrénées et de la Haute-Garonne, suivi d'un coup d'œil rapide sur les thermes de l'Ariège et des Pyrénées-Orientales, Bagnères-de-Bigorre et Tarbes, 1858, in-12.

1212. **Souvenirs du marquis de Valfons**, vicomte de Sebourg, comte de Blandèques, baron d'Hélesmes, lieutenant-général des armées du Roi, commandeur de l'ordre de Saint-Louis, gouverneur du fort de l'Ecluse, 1710-1786, publiés par son petit-neveu, le marquis de Valfons. *Paris*, 1860, in-12, de 428 pages.

> Souvenirs formant une chronique anecdotique du plus grand intérêt, relative aux événements militaires, politiques, intrigues, galantes, observations sur les personnages des règnes de Louis XV et de Louis XVI. Chroniques sur le marquis de Mirepoix.

1213. **Speleus.** (Dʳ) Çà et là dans les Pyrénées. *Toulouse, Brun*, 1870, in-18 de 158 pages.

> Trois chapitres sont consacrés à Ussat, Ax, Audinac et Aulus.

1214. **Suzanne** (général). Histoire de l'infanterie française. *Paris, J. Dumaine*, 1877. 5 vol. in-12.

Le tome 5ᵉ contient l'historique du régiment de Foix créé en 1684. Les drapeaux de Foix étaient vert et isabelle dans chaque quartier par triangles assemblés base à base sur la diagonale de l'étoffe.

1215. **Symbola heroïca** porticus regiæ, per Joa. Guissium, interpretem regium. 1644, petit in-4°.

Recueil de devises et de descriptions d'emblèmes attribués aux hommes illustres de la France. Il y est fait mention de Gaston de Foix.

T

1216. **Taine** (H.). Voyage aux Pyrénées. *Paris, Hachette*, 1881, in-12, orné de 65 vignettes sur bois.

Contient l'histoire abrégée de la mort tragique de Gaston, fils de Gaston Phœbus.

1217. **Tarbes à travers les Pyrénées centrales**. *Tarbes, Léon Vimard*, 1893, in-12.

Un chapitre est consacré à l'Ariège sous le titre : De la vallée de l'Arget à la vallée moyenne de l'Ariège par Massat et Saurat.

1218. **Tassin**. Les plans et profils de toutes les principales villes et lieux considérables de France ; ensemble les cartes générales de chacune province et les particulières de chaque gouvernement d'icelle. *Paris, Messager et Tavernier*, 1636, 2 vol. in-4° oblongs.

Contient 440 plans gravés, dont 4 pour le Comté de Foix (Mas-d'Azil, Saverdun, Carla-le-Comte, Pamiers).

1219. **Taylor** (baron). Les Pyrénées. *Paris, Gide*, 1842, in-8°.

L'auteur a un enthousiasme fier pour l'ancien Comté de Foix, qu'il n'a pas oublié dans son ouvrage. Il a fait une biographie sur Gaston Phœbus.

1220. **Taylor** (baron) et **Ch. Nodier**. Voir Voyages pittoresques et romantiques de l'ancienne France.

1221. **Teulié** (Auguste). La poésie méridionale, conférence faite à l'hôtel de ville de Saint-Girons, le 29 janvier 1898, avec une préface d'Antonin Perbosc sur le félibrige et l'école. *Foix, Gadrat*, 1898, in-8° de 32 pages.

Historique de la langue romane et citations de poésies ariégeoises.

1222. **Theatrum nobilitatis** Europeæ, tabulis, progonologicis, præcipuorum in cultiori christ. orbe magnatum et illustr. progenit. CXXIIX.LXIV aut. XXXII, justo ordine repræsent. exornatum studio Ph. Jac. Speneri. Francof., 1668-1678, 4 part. en 1 vol. in-f°, frontispice. gravé.

> Livre intéressant, surtout pour la noblesse allemande. Nous y avons relevé, pour notre pays, les tableaux généalogiques des familles de Foix, de Lévis et Nemours.

1223. **Thevet** (André). Les vrais portraits et vies des hommes illustres, grecs, latins et payens, anciens et modernes, recuilliz de leurs tableaux, livres, medalles antiques et modernes. *Paris, J. Kerner ou Guill. Chaudière*, 1584, 2 tomes en un volume in-f°.

> Contient les vies et portraits de Gaston de Foix, duc de Nemours et d'Odet de Foix, sieur de Lautrec.

1224. **Thiers** (A.). Les Pyrénées et le Midi de la France. *Paris*, 1823, in-8°.

> L'auteur y parle de son voyage dans la vallée de l'Ariège.

1225. **Timbal-Lagrave**. Essai monographique sur les dianthus des Pyrénées françaises, avec 32 planches, 1881, in-8°.

1226. **Topographiæ Galliæ**, sive locorum in florentissimo Galliæ regno celebriorum descriptionis : Pars undecima (le Merian). *Francfort-sur-Mein*, 1661, in-f°.

> L'auteur considère le Couserans comme un siège et un centre de population des plus anciens. Le comté de Foix occupe dans ce livre une page consacrée principalement aux guerres des XVI⁰ et XVII⁰ siècles. Cet in-folio donne un plan des fortifications du Mas-d'Azil au temps des guerres religieuses.

1227. **Toulouse**. Histoire, archéologie monumentale, facultés, académies, établissements municipaux, institutions locales, sciences, beaux-arts, agriculture, commerce, région pyrénéenne, association française pour l'avancement des sciences. *Toulouse*, 1887, fort vol in-8° de 1,200 pages.

1228. **Traité singulier de métallique**. *Paris*, 1743, 2 vol. in-12 avec figures.

> Traduction française par G. G. d'un livre espagnol, édité à Madrid en 1569, par Bernard Perez de Vargas. Il est souvent question des richesses minières du comté de Foix dans cet ouvrage.

1229. **Très-Joyeuse** (La), plaisante et récréative histoire composée par le Loyal Serviteur, des faiz, gestes, triomphes et prouesses du bon chevalier sans paour et sans reprouche, le gentil seigneur de Bayar , dont humaines louenges sont espandues par toute la chrestienté. De plusieurs autres bons, vaillants et vertueux cappitaines qui ont este de son temps. Ensemble les guerres, batailles, rencontres et assaulz qui de son vivant sont survenues, tant en France, Espaigne que Italie, avec privilege. On le vend en la grant salle du palais, au premier pillier, en la bouticque de Talliot, au pre libraire juré de l'Université de Paris.

> On prétend que l'auteur de la vie de Bayard était son secrétaire, qui avait pris le nom de *Loyal Serviteur*. D'aucuns attribuent cet ouvrage à Jacques de Mailles (1527). Ce livre fut réimprimé en 1619 et plus tard à Grenoble en 1651. Une édition de luxe a été publiée en 1882, par la Maison Hachette, de Paris. Dans toutes ces éditions, un chapitre est consacré à Gaston de Foix, compagnon d'armes de Bayard.

1230. **Troy** (Paul). Etude sur le reboisement des montagnes. *Foix, Pomiès frères*, 1861, in-8° de 74 pages.

> Cette étude contient des détails précis sur l'intéressante question du reboisement, et l'auteur parle souvent des montagnes de l'Ariège.

1231. **Trutat** (Eugène). Le Midi pittoresque. Section des Pyrénées-Centrales, in-8° avec gravures.

1232. **Trutat** (E.). Essai sur les Pyrénées. *Toulouse*, 1874, in-8° de 34 pages.

1233. **Trutat** (J.). Les Pyrénées, les montagnes, les glaciers, les eaux minérales, les phénomènes de l'atmosphère, la flore, la faune de l'homme, *Paris, Baillière*, 1893, in-16 de 380 pages avec 100 figures.

> Intéressant travail dans lequel il est question de l'Ariège à chaque chapitre de l'ouvrage.

V

1234. **Vallée** (Léon). Bibliographie des bibliographies. *Paris*, 1883, in-8° de VI-774 pages.

> Contient une nomenclature d'ouvrages concernant l'Ariège.

1235. V... (de) L'amour suivi des Regrets, ou les galanteries de Gaston de Foix. *Amsterdam*, 1773, 2 vol. in-12.

Nouvelle historique.

1236. D. Vaissette et de Vic. Histoire générale de Languedoc. *Paris*, 1730, 5 vol. in-f°.

Cet ouvrage contient de nombreux documents et renseignements sur l'histoire du pays de Foix.

Une nouvelle édition de ce livre vient d'être publiée par M. Privat, de Toulouse, en 15 vol. in-4°.

1237. Vallées-Sernay (Pierre des). Voir *Histoire des Albigeois*.

1238. Vaussenat. Question sur l'ancienne administration de la justice dans les pays pyrénéens. in-8° de 4 pages.

Ce document présente un certain intérêt au sujet du droit de haute justice exercé par les comtes souverains du pays de Foix.

1239. Verdot. Précis sur les eaux minérales des Pyrénées et de la Gascogne. *Paris, Masson* 1855, in-12.

Nombreux renseignements sur les eaux minérales de l'Ariège.

1240. Véritable (La) dévotion envers la sainte Vierge, in-12 de 248 pages (manque le frontispice).

Cet ouvrage, publié vers 1749 par le curé de Montaut (Ariège), contient 4 chapitres intéressant l'histoire religieuse de notre diocèse : Chap. X, De l'érection d'une image de N.-D. des Hermites dans l'église de Montaut en Foix, au diocèse de Pamiers (29 septembre 1748). Chap. XI, Des privilèges accordés par le souverain pontife à l'honneur de N.-D. des Hermites dans sa chapelle de l'église de Montaut en Foix (1751). Chap. XII, Copie de la Bulle du souverain pontife, fidèlement traduite en français, qui érige à perpétuité une confrérie de N.-D. des Hermites dans sa chapelle à Montaut en Foix (9 septembre 1754). Chap. XIII, Observations utiles sur la bulle d'érection de la confrérie de N.-D. des Hermites dans sa chapelle à Montaut en Foix. Chap. XIV, Des miracles que Dieu a déjà opérés par le moyen de l'image de N.-D. des Hermites, érigée dans l'église de Montaut en Foix (1752).

La statue érigée à Montaut avait 4 pieds de hauteur. Des gravures représentant l'image de N.-D. ont été imprimées à cette époque et portaient la mention suivante : Notre-Dame des Hermites, érigée le 29 septembre 1748, dans l'église de la ville de Montaut en Foix, au diocèse de Pamiers, par M. Pierre-Joseph Voisard, prêtre de Sancey en Franche-Comté, docteur en théologie et curé dudit Montaut.

1241. Vieille France (La). Texte, dessins et lithographies, par A. Robida. 30 vol. in-4°. *Paris, Librairie illustrée.*

> Cette considérable publication, entreprise en 1889, formera 30 vol. publiés par province. Le comté de Foix sera décrit dans le beau et consciencieux travail de M. Robida.

1242. Vilbach (de). Voyage dans les départements formés de l'ancienne province du Languedoc. Esquisse de l'histoire du Languedoc. 1825, in-8°.

> Il est à peine question de la partie du diocèse de Mirepoix qui fut prise au Languedoc pour être ajoutée à l'Ariège, lors de la formation des départements de la France.

1243. Vivier (du). Voir *Origine des seigneurs du Vivier.*

1244. Voltaire (de). Le duc de Foix, tragédie. *Paris*, 1755, in-12.

> Cet ouvrage est suivi d'observations par le chevalier de la Morlière.

1245. Voyage dans les 102 départements de la France, par Brion avec la description par J. La Vallée, et J.-B. Breton, 102 cahiers formant ensemble 14 vol., in-8°, avec gravures. *Paris*, 1792-1794.

> Le département de l'Ariège forme le 14e cahier, qui contient 56 pages.

1246. Voyage en France et autres pays, en prose et en vers, par Racine, La Fontaine, Regnard, Piron, Gresset, Fléchier, Bernardin de Saint-Pierre, etc. 1818, 5 vol. in-18, nombreuses figures, portraits et vues gravés par Gaucher, Marnet, Dupréel, Duplessis-Bertaux, Bovinet, Couché et autres.

> Dans le tome I, page 180, se trouve une lettre de Racine à La Fontaine (11 novembre 1661) dans laquelle il parle du pays de Foix, de ses habitants et des femmes de Foix spécialement.

1247. Voyages pittoresques et romantiques de l'ancienne France, par MM. Ch. Nodier, J. Taylor et Alph. de Cailleux (ayant pour collaborateurs MM. Amédée de Céséna, de Graulle et Adrien de Courcelles). *Paris, Gide, de l'imprimerie de Didot l'aîné*, 1820, 16 vol. in-f° avec de belles illustrations et texte encadré.

> Le tome II (Languedoc) contient les Annales historiques du comté de Foix et du Couserans.

1248. Voyage pittoresque de la France avec la description de toutes ses provinces. Ouvrage national dédié au roi, orné d'un grand nombre de gravures exécutées avec le plus grand soin, d'après les meilleurs artistes, par une Société de gens de lettres. *A Paris, de l'imprimerie de Monsieur, chez Lamy, 1788-1796, 12 vol. in-f°.*

Cette belle publication contient un résumé de l'Histoire du comté de Foix (58 pages, 1 carte et 4 gravures).

Le même ouvrage a été publié par M. de la Borde et Guettard dans le format in-12, sous le titre : Description générale et particulière de la France.

TROISIÈME PARTIE

━━◄○►━━

A

1249. Affiches, annonces et avis divers du département de l'Ariège. *Foix, imprimerie Pomiès.*

Créée en 1840, cette feuille était imprimée dans le format in-8° et paraissait toutes les fois qu'il y avait des annonces à publier. Elle a vécu environ six ans.

1250. Annales de la Société d'agriculture et des arts du département de l'Ariège. *Foix, imprimerie Pomiès,* in-8°.

Recueil périodique fondé en 1817. En 1820 et jusqu'en 1831, il prit le nom de *Journal d'agriculture et des arts du département de l'Ariège.* De 1833 à 1854, cette publication changea son titre par celui de : *Annales agricoles, littéraires et industrielles de l'Ariège.* A cette dernière époque elle fusionna avec d'autres sociétés agricoles et, depuis, paraît à Toulouse une Revue portant le nom de : *Journal d'agriculture pratique de la Haute-Garonne et de l'Ariège.*

1251. Annales de l'Ariège (Les). Semaine démocratique. *Foix, imprimerie Pomiès.*

Il n'a été publié que cinq numéros de cette Revue, fondée le 23 avril 1883 par M. Escande-Voltan.

1252. Ariége (L'), journal de l'association républicaine, paraissant le jeudi et le dimanche. *Foix, imprimerie Pomiès.*

Cette feuille a remplacé le *Republ cain de l'Ariège.* Créée le 27 avril 1871, l'*Ariège* a cessé de paraître le 31 août 1871.

1253. Ariège hebdomadaire (L'), journal paraissant le dimanche. *Foix, imprimerie Pomiès.*

Publiée en mai 1883 par M. E. Descola, de la Bastide-de-Sérou, cette feuille a suspendu sa publication dans le courant du mois de décembre de la même année.

1254. Ariège républicaine (L'), paraissant le lundi et le jeudi. *Foix, imprimerie Pomiès.*

Fondé par M. Joffrès, avocat, ce journal a commencé de paraître le 26 septembre 1870 et a fusionné avec le *Républicain de l'Ariège* en décembre 1870.

Le 22 mars 1884, M. Alquié, publiciste, fit revivre l'*Ariège républicaine*, qui se publiait dans une imprimerie spéciale, sise à Foix, rue des Potiers, numéro 6. Cette feuille ne vécut pas longtemps.

1255. Ariégeois (L'), journal religieux, littéraire, industriel, agricole, commercial, d'annonces judiciaires, affiches et avis divers du département de l'Ariège. *Foix, imprimerie Pomiès.*

Publication hebdomadaire, fondée le 24 mars 1846 par la Maison Pomiès. Le 6 mai 1854, l'*Ariégeois* agrandit son format et parut deux fois par semaine.

Par acte public, en date du 11 mai 1875, M. Sapia devint acquéreur de ce journal, qu'il conserva jusqu'au 1er juin 1879. A partir de cette date, l'*Ariégeois* ayant cessé d'être l'organe du parti militant qui en avait la propriété et la direction fut repris par les vendeurs. La Maison Pomiès continua alors de faire paraitre cette feuille avec un nouveau programme politique jusqu'au 1er octobre 1880, Depuis cette époque, la publication de l'*Ariégeois* se trouve suspendue.

1256. Aulus-Mondain (Ariège), le plus beau site des Pyrénées. *Imprimerie aulusienne Marqués, à Muret* (Haute-Garonne).

Publication exclusivement d'annonces, dirigée par M. Auguste Rivière. Elle est distribuée gratuitement sur la voie publique.

1257. Avant-Garde (L'), journal républicain, paraissant le premier lundi de chaque mois. *Foix, imprimerie Barthe.*

Le premier numéro a paru le 4 janvier 1892. Cette feuille, fondée par M. Caccia, avocat, a suspendu sa publication le 2 mai 1896.

1258. Avenir de l'Ariège (L'), journal politique, littéraire et d'annonces, paraissant le jeudi et le dimanche.

Publié par un groupe d'hommes politiques, ce journal, dont le premier numéro porte la date du 23 avril 1871, a été successivement édité aux imprimeries Pomiès, Gadrat et Astier. Il a cessé de paraître en décembre 1875.

1259. Avenir (l'). Journal de l'Ariège, paraissant le jeudi et le dimanche. *Foix, imprimerie Gadrat.*

Cette feuille, qui s'est d'abord appelée *Le Journal de l'Ariège*, a été fondée le 31 août 1876 par M. Guilhaume Gadrat.

1260. Ax-Thermal et Correspondance d'Ussat-les-Bains. Journal médical, scientifique, littéraire, artistique et pittoresque, paraissant tous les jeudis pendant la saison thermale ; Directeur : Docteur Dresch, médecin consultant à Ax, *Foix, imprimerie Gadrat.*

Le premier numéro a paru le 25 juillet 1889.

B

1261. Bulletin de l'Instruction Publique de l'Ariège, paraissant tous les mois, sous les auspices du Conseil général. *Foix, imprimerie Pomiès.*

Cette publication officielle de l'inspection académique, créée en 1873, a pris le titre de *Bulletin de l'instruction primaire de l'Ariège* l'année suivante.

1262. Bulletin du Syndicat agricole du Saint-Gironnais. *Saint-Girons, A. Rives,* in-4°.

Publication trimestrielle, dont le premier numéro porte la date du 15 février 1894.

1263. Bulletin du Syndicat des Agriculteurs de l'Ariège. *Pamiers, J. Galy.*

Cette publication mensuelle a été fondée en 1885.

1264. Bulletin périodique de la Société ariégeoise des sciences, lettres et arts. *Foix, Pomiès et Gadrat.*

Paraît par fascicules à intervalles irréguliers. Il remonte au mois d'octobre 1882 et contient des documents fort intéressants sur l'histoire et l'archéologie de l'Ariège.

C

1265. Candélou (Le). Journal politique et charivarique. *Imprimerie spéciale de Montgailhard.*

Fondé par M. Carel, de Montgaillard, ce petit journal a cessé de paraître au bout de 3 semaines. Le premier numéro porte la date du 20 mai 1883.

1266. Caleil (Le). Journal des malcountents. *Dona Sol* rédactriso en chef. *Fouich, imprimario Gadrat aïnat.*

Le premier numéro de cette petite Revue satirique est daté du 3 juillet 1892. *Le Caleil,* écrit en langue romane et en français, paraissait chaque dimanche. Sa publication fut bientôt abandonnée.

1267. Conservateur de l'Ariège (Le), paraissant le jeudi et le dimanche. *Foix, imprimerie Pomiès.*

- Fondé par un groupe d'hommes politiques, ce journal a publié son premier numéro le 9 mars 1872 et a cessé de paraître en janvier 1878. Sept ans après (janvier 1885), il a repris sa publication qu'il a abandonnée en janvier 1892.

1268. Courrier de Foix (Le). Journal littéraire, commercial et d'annonces, paraissant une fois la semaine. *Foix, imprimerie Barthe.*

Publié en 1877, ce journal fut abandonné le 13 juin 1878.

1269. Croix de l'Ariège (La). Journal hebdomadaire. *Pamiers, imprimerie Laffargue.*

Fondée en 1892, cette feuille a été d'abord publiée à Pamiers, et plus tard à Foix à l'imprimerie Francal.

D

1270. Démocrate de l'Ariège (Le). Journal républicain de l'arrondissement de Pamiers, paraissant une fois la semaine. *Foix, imprimerie Barthe.*

La fondation de ce journal remonte au 2 janvier 1892.

1271. Démocratie de l'Ariège (La). *Pamiers, imprimerie Galy, et Foix, imprimerie Barthe.*

Publié le 18 septembre 1881, ce journal a cessé de paraître le 15 mars 1890.

E

1272. Echo municipal (l'). Journal républicain pour la défense des intérêts communaux, paraissant le 1er et le 16 de chaque mois. *Foix, imprimerie Francal.*

A été créé pour traiter uniquement les questions intéressant la commune de Foix. Son premier numéro porte la date du 1er janvier 1891. Cette feuille locale, transformée à partir du 29 mars de la même année, prit le titre d'*Echo Républicain.*

1273. Echo Pyrénéen (l'). Paraissant 2 fois par semaine. *Saint-Girons, imprimerie Rives.*

Le premier numéro de ce journal porte la date du 7 septembre 1884. M. Descola, propriétaire gérant, abandonna la publication de l'*Echo des Pyrénées*, deux ans après.

1274. Echo Républicain (l'). Journal de l'Ariège, paraissant le dimanche. *Foix, imprimerie Francal.*

Ce journal a remplacé l'*Echo municipal* (29 mars 1891). Il a cessé de paraître à partir du 11 mars 1894.

1275. Etoile de l'Ariège. (L'). Journal agricole, littéraire, commercial, d'économie domestique, d'annonces judiciaires et d'avis divers. Paraissant le dimanche. *Pamiers, imprimerie Vergé.*

Fondée en 1845, par M. Choit, de Pamiers, cette feuille devint plus tard la propriété de M. Vergé son neveu. L'*Etoile de l'Ariège* appartient depuis 1895 à M. Galy, imprimeur à Pamiers.

G

1276. Gazette d'Aulus, paraissant deux fois la semaine, du 1er juillet au 30 septembre de chaque année. *Foix, imprimerie Pomiès.*

La *Gazette d'Aulus*, créée en 1881, est la continuation de la *Revue Thermale d'Aulus*. Cette feuille ne publie actuellement qu'un numéro par semaine et s'imprime à Toulouse.

I

1277. Indépendant de l'Ariège. (L'). Paraissant deux fois la semaine. *Foix, imprimerie Gadrat.*

La publication de ce journal qui remonte au 6 août 1884 fut bientôt abandonnée.

J

1278. Journal d'Agriculture pratique de la Haute-Garonne et de l'Ariège. *Toulouse, Douladoure*, in-8°.

Revue mensuelle, dont la fondation remonte à l'année 1854.

1279. Journal d'Aulus (Le). Paraissant le dimanche et le jeudi. Organe des intérêts généraux de la station d'Aulus-les-Bains. *Saint-Girons, imprimerie Vergé.*

Ce journal, publié sous la direction du docteur Mouly, a fait paraître son premier numéro le 16 juillet 1896. Dans cette feuille ont été fondues *Le Progrès d'Aulus* et *la Gazette d'Aulus.*

1280. Journal de l'Ariège, politique, commercial, administratif, judiciaire et feuille d'annonces. *Foix, imprimerie Pomiès aîné*, in-4°.

Publiée d'abord en 1802, cette feuille hebdomadaire fut bientôt abandonnée. Reprise en 1812, sous la direction du sous-préfet de Foix, elle vécut jusqu'en 1815. Seize ans plus tard, (1831), un groupe d'hommes politiques essayèrent de faire revivre le *Journal de l'Ariège* qui finit par disparaître complètement.

1281. Journal de l'Ariège (Le). Journal démocratique paraissant 2 fois la semaine. *Foix, Gadrat, imprimeur.*

Fondé par M. Joffrès, avocat, cet organe a publié son premier numéro le 1ᵉʳ août 1868. Il fut remplacé par *l'Avenir* en 1876.

1282. Journal de Saint-Girons (Le). Agricole, industriel, littéraire et politique, organe indépendant paraissant le jeudi et le dimanche. *Saint-Girons, imprimerie Vergé.*

Ce journal, dont le 1ᵉʳ numéro porte la date du 19 mars 1893, a fusionné avec *Saint-Girons-Journal.*

1283. Journal des bains d'Ussat, dans le département de l'Ariège, contenant les prospectus relatifs à ces bains, l'analyse des eaux et le précis de quelques-uns des effets salutaires que ces bains ont produit. *Foix, Pomiès*, in-12 de 16 pages.

Cette publication annuelle, qui remonte à l'année 1809, fut bientôt abandonnée.

M

1284. Midi Agricole (Le). Paraissant le dimanche, *Foix* , *imprimerie Barthe.*

Ce journal créé en novembre 1886 a duré environ un an.

1285. Midi Métallurgique (Le). Paraissant une fois par semaine. *Foix, imprimerie Barthe.*

M. Peuvergne, fondateur du *Midi Métallurgique*, abandonna bientôt cette feuille dont le premier numéro porte la date de novembre 1882.

1286. Moniteur de l'Ariège (Le). Journal littéraire, d'informations et d'annonces, paraissant le dimanche. *Foix, imprimerie Pomiès.*

Fondé par M. Louis Lafont de Sentenac, ce journal a commencé de paraître le 19 octobre 1884.

1287. Montagne (La). Journal des intérêts démocratiques, industriels, commerciaux et agricoles du département de l'Ariège et de la région. *Foix, imprimerie Barthe.*

Ce journal bi-hebdomadaire a vécu du 2 octobre au 1er décembre 1881. Il avait le siège de l'administration et de la rédaction à Lavelanet.

O

1188. Ours du Saint-Gironnais (L'). Journal politique, littéraire, scientifique et agricole paraissant deux fois par mois. *Toulouse, imprimerie Sébille et Cie.*

Quinze numéros seulement ont été publiés, du 9 janvier 1897 au 24 juillet 1898. L'impression des treize derniers numéros fut confiée à M. Barthe, imprimeur à Foix.

P

1289. Pamiers Républicain. *Pamiers, imprimerie Vergé.*

Publication fondée en 1884 et aujourd'hui abandonnée.

1290. Patrie en danger (La) Journal de l'Ariège, paraissant le jeudi et le dimanche. *Foix, imprimerie Pomiès.*

Ce journal, fondé par M. Adolphe d'Assier, a paru le 15 septembre 1870, et, trois mois après sa publication, fusionna avec le *Républicain de l'Ariège.*

1291. Patriote de l'Ariège (Le). Journal hedomadaire paraissant le dimanche. *Pamiers, imprimerie Galy.*

Le premier numéro de ce journal porte la date du 29 décembre 1889. Cette feuille a remplacé le *Petit ariégeois.*

1292. Petites Affiches ariégeoises. (Les). Recueil périodique des annonces légales, judiciaires, avis divers, annonces, etc *Foix, imprimerie Pomiès.*

Cette feuille, imprimée dans le format in-8°, n'a publié qu'un numéro, le 7 décembre 1893.

1293. Petit Ariégeois (Le). *Pamiers, imprimerie Galy.*

Ce journal a paru en octobre 1883 et a duré environ trois ans.

1294. Petit Fuxéen (Le). Journal politique, paraissant une fois par semaine. *Foix, imprimerie Barthe.*

Créé en décembre 1883, le *Petit Fuxéen* cessa bientôt sa publication.

1295. Progrès d'Aulus (Le). Echo des Pyrénées Centrales, paraissant le dimanche et toute l'année. *Toulouse, imprimerie spéciale.*

Fondé en 1890, ce journal est la propriété de la Société civile des Thermes d'Aulus-les-Bains.

1296. Progrès de l'Ariège (Le). Journal politique, littéraire et d'annonces. *Foix, imprimerie Astier.*

Le premier numéro de cette feuille bi-hebdomadaire a été publié le 19 décembre 1875 Le *Progrès de l'Ariège* a cessé de paraître en 1879.

R

1297. Rappel Appaméen (Le). Journal politique, de propagande et d'action républicaine. *Pamiers, imprimerie de Madame Delaye.*

Créé pour soutenir la candidature d'Albert Tournier, aux élections législatives du mois de mai 1898, le *Rappel Appaméen* n'a publié que 17 numéros (du 21 avril au 25 juin 1898).

1298. Républicain de l'Ariège (Le). paraissant le dimanche et le jeudi. *Foix, imprimerie Pomiès.*

Née de l'*Ariège Républicaine* et de la *Patrie en Danger,* cette feuille a publié son premier numéro le 15 décembre 1870. Sa publication fut abandonnée le 23 avril 1871 et, à partir de cette époque a été, remplacée par le *Journal de l'Ariège.*

1299. Républicain de Pamiers (Le). Paraissant le mercredi et le samedi. *Pamiers, imprimerie Vergé.*

Cette feuille, qui avait été créée pour soutenir la candidature de M. Wickerseimer, dans l'arrondissement de Pamiers, a publié son premier numéro le 5 avril 1893 ; elle a cessé de paraître le 13 mai de la même année,

1300. Républicain du Saint-Gironnais. *Toulouse, imprimerie Passeman et Alquié.*

Fondé en mars 1881, par M. A. d'Assier, ce journal hebdomadaire cessa de paraître au bout de trois mois.

1301. République (La), journal de l'Ariège, paraissant le mercredi et le samedi de chaque semaine. *Pamiers, Delieux, imprimeur.*

Publié en août 1876, ce journal cessa de paraître le 3 juin 1877. Il reprit sa publication à l'imprimerie Barthe, à Foix, le 19 juin 1878. M. Barthe devint alors cogérant de la *République* et plus tard propriétaire.

1302. Réveil de l'Ariège, paraissant deux fois par semaine.

Fondée en mars 1884, par M. Cambus, publiciste, cette feuille a été successivement publiée à l'imprimerie Pomiès, à Foix, et à l'imprimerie Galy, à Pamiers. Le *Réveil de l'Ariège* vécut dix mois.

1303. Réveil du Saint-Gironnais, organe des revendications populaires, paraissant le dimanche. *Saint-Girons, imprimerie Rives.*

La publication de cet organe remonte au mois d'octobre 1885.

1304. Revue Ariégeoise (La), publication littéraire, scientifique et artistique, paraissant le 1er et le 3e samedi de chaque mois. *Pamiers, imprimerie de Mme Delaye.*

Cette revue, imprimée par 8 pages in-4°, a vécu 15 mois. Elle a publié 32 numéros, du 4 janvier 1896 au 17 avril 1897.

1305. Revue thermale d'Aulus, paraissant deux fois par semaine, le jeudi et le dimanche, du 1er juillet au 30 septembre de chaque année. *Foix, imprimerie Pomiès.*

Commencée le 1er juillet 1877, cette revue a cessé de paraître en 1881 pour prendre, à cette époque, le nom de *Gazette d'Aulus*.

S

1306. Saint-Girons-Journal, organe républicain, libéral et progressiste, paraissant le dimanche. *Saint-Girons, imprimerie Rives.*

Fondée dans le but de soutenir la candidature de M. Sentenac, député sortant de l'arrondissement de Saint-Girons, cette feuille a commencé de paraître le 14 août 1893. *Saint-Girons-Journal* est publié actuellement à l'imprimerie Vergé.

1307. Semaine religieuse (La) du diocèse de Pamiers. *Foix, imprimerie Pomiès.*

> Fondée en octobre 1881, par M. Louis Lafont de Sentenac, cette revue hebdomadaire a cessé de paraître en septembre 1883 ; elle a été remplacée, à cette époque, par la *Semaine catholique* du diocèse de Pamiers qui, depuis, s'imprime dans la ville épiscopale.

1308. Société des maîtres de forges de l'Ariège. Bulletin annuel de l'association, in-12. *Foix, Pomiès frères.*

> Le premier numéro du Bulletin, qui a été publié en 1837, contient les statuts de la Société et un précis historique du traitement direct du fer dans l'Ariège.

T

1309. Tribune Ariégeoise (La), journal littéraire, scientifique, archéologique, agricole, commercial et d'annonces. *Pamiers, imprimerie de Mme Delaye.*

> Le premier numéro de ce journal hebdomadaire porte la date du 2 mars 1895.

U

1310. Union de l'Ariège (L'), journal légitimiste bi-hebdomadaire. *Foix, imprimerie Pomiès.*

> Cet organe parut le 16 juillet 1851 et sa publication fut abandonnée le 10 décembre de la même année.

V

1311. Vélocipède (Le), journal littéraire, satirique et illustré. *Foix, Gadrat, propriétaire-gérant.*

> Rédigé par M. Elie Montagné, le *Vélocipède* n'a duré que trois mois. Il fut fondé en octobre 1868.

QUATRIÈME PARTIE

A

1312. Andorre. Au val d'Andorre, roman, par Sutter-Laumann, *Paris, Mourlon et Cie*, 1888, in-12.

Le val d'Andorre, situé sur notre frontière pyrénéenne, contigu à l'Ariège et aux Pyrénées-Orientales est peu connu. Beaucoup d'ouvrages ont été publiés sur ce pays sauvage et charmant dont les habitants ont conservé les mœurs et les costumes de leurs ancêtres depuis plus de 10 siècles.

1313. Andorre. Ordre de chevalerie de Charlemagne, créé par le Gouvernement Andorran.

Le projet de création de cet ordre est dû à M. Saint-André, conseiller général de l'Ariège et viguier d'Andorre. Celui-ci rédigea les statuts composés de 10 articles, qui se trouvent dans les archives du Gouvernement Andorran.

1314. Andorre (De l'). *Toulouse, Vieusseux*, 1823, in-8° de 80 pages, orné d'une gravure représentant un Andorran en costume de cérémonie.

L'auteur présumé de cet ouvrage est le chevalier de Roussillou, qui avait été viguier d'Andorre. Son livre a eu une nouvelle édition en 1870.

B

1315. Baudon de Mony. Relations politiques des comtes de Foix avec la Catalogne, jusqu'au commencement du xiv\u1d49 siècle. *Paris, A. Picard*, 1896, 2 vol. in-8° avec gravures.

> Dans cet ouvrage, la question de l'origine de la constitution de la République d'Andorre est traitée d'une façon remarquable, grâce à des documents inédits de premier ordre. Rien de plus curieux que les nombreuses expéditions des comtes de Foix en Catalogne, leurs rapports et leurs querelles avec les évêques d'Urgel et les seigneurs catalans, leurs conquêtes et leur puissance dans le nord de l'Espagne.

1316. Boucoiran (L.) Ariège, Andorre et Catalogne, guide historique, pittoresque et descriptif aux bains d'Ussat et d'Ax, contenant l'histoire de l'ancien Pays de Foix et de ses comtes jusqu'à Henry IV et l'histoire de la vallée d'Andorre jusqu'à nos jours, avec 20 dessins imprimés à deux teintes. *Paris, chez Giraud, libraire*, 1854. in-8°.

1317. Berthet (Elie). Le Val d'Andorre. *Paris, Degorge-Cadot,* 1847, in-12.

1318. Bladé. Etudes géographiques sur la vallée d'Andorre. *Paris*, 1875, in-8° avec carte.

1319. Brutails (J.-A.) Etude critique sur les origines de la question d'Andorre. *Toulouse, Privat*, 1891, in-8° de 40 pages.

> Extrait de la *Revue des Pyrénées*.

C

1320. Castillon (d'Aspet). Histoire d'Ax et de la vallée et République d'Andorre. *Foix*, 1851, in-8°, 96 pages.

1321. Chevalier (Michel). La vallée de l'Ariège et la République d'Andorre. *Paris*, 1877, in-8°.

1322. Constitucion politica y personalidad internacional del principado de Andorra, par D. Juan de Dios Trias, catedratico de derecho internacional en la Universidad de Barcelona ; *Barcelona, imprenta de Subirana Hermanos, calle de la Puertaferrisa*, 1890, in-8° de 52 pages.

> M. Jean de Dieu-Trias, auteur de la Constitution politique et personnalité internationale de la Principauté d'Andorre, est professeur de droit international à l'université de Barcelone.

J

1323. Jaybert (Léon). La République d'Andorre, ses mœurs, ses lois et ses coutumes. *Paris, Durandin*, 1865, in-8º.

M

1324. Marca (Pierre de). Marca Hispanica sive limes Hispanicus hoc est géographica et historica descriptio Cataloniœ, Ruscionis,etc.,ab anno 817 ad annum. *Paris Muguet*,1688,in-4º.

Il est question de l'Andorre dans cet ouvrage.

1325. Marcailhou-d'Aymeric. Excursion botanique en Andorre. *Toulouse, E. Privat*, 1899, in-8º de 24 pages.

Extrait de la *Revue des Pyrénées*.

1326. Marnière (de la). Histoire des comtes de Foix et du Val d'Andorre. *Paris, Caulet*, s. d. avec nombreuses planches.

1327. Mémoire pour les habitants de la vallée d'Andorre, pays frontière, sur les monts Pyrénéens. *Paris, Didot*, 1764, in-4º de 10 pages.

Requête présentée au roi pour lui demander le dégrèvement des droits indûment exigés par le bureau des traites de Tarascon sur les blés achetés par les Andorrans dans ladite ville, dépendant du Comté de Foix. Cette requête est suivie du dispositif de l'arrêt du Conseil d'Etat qui déclare fondée la réclamation des Andorrans.

Pièce curieuse dans laquelle il est question des privilèges octoyés à l'Andorre par les comtes de Foix et les rois de France.

R

1328. Reynald (M.-H.). La République de l'Andorre, *Caen, F. Leblanc-Hardel*, 1866, in-12 de 12 pages.

1329. Roman des Pyrénées (Le), par un Chroniqueur. *Paris, Bruxelles et Madrid*, 1869, in-12.

20 pages sont consacrées au val d'Andorre et à l'Ariège.

S

1330. **Sans**. Histoire de la vallée d'Andorre et de ses rapports
avec le ci-devant comté de Foix, aujourd'hui formant le département de l'Ariège. 1842, in-8°.

L'auteur, M. Sans, cadet, était de Bourg-Madame.

V

1331. **Valley of Andorra** (The) translated from the french, and
printed for private distribution. *Cambridge*, 1882, in-8°, carte.

1332. **Vidal** (Victorin). L'Andorre. *Paris, librairie Centrale*, 1866,
in-12.

TABLE

FOIX, TYPOGRAPHIE VEUVE POMIÈS.